오늘부터
내 인생의 속도로
살기로 했다

# 오늘부터
# 내 인생의 속도로
# 살기로했다

사이토 시게타 지음 | 김슬 옮김

# 타인의 속도 말고,
# 나의 속도로 살자

"바쁘다, 바빠"라고 늘 입버릇처럼 말하며 분주하게 다니는 사람이 있습니다. "이것도 해야 하고, 저것도 해야 하고……"라며 아침부터 밤까지 무엇에 쫓기듯 언제나 여유 없이 바쁘게 움직이지요. 혹시 당신 주위에도 이런 사람이 있지 않나요?

'그래, 그래. 우리 부장님이 꼭 그런 스타일이지.'

'내 친구 B가 그렇단 말이야.'

머릿속으로 주위에 있는 누군가의 얼굴을 바로 떠올리는 사람도 있을지 모르겠네요.

그렇다면 언제나 "바쁘다, 바빠" 하며 전력 질주하고 있는 사람 곁에 있을 때 어떤 느낌이 드나요? 틀림없이 왠지 편안하진 않다, 보고 있으면 피곤해진다, 좀 답답하다고 느끼게 되는 경우가 대다수일 거라고 생각합니다.

바쁨을 지나치게 호소하는 누군가가 가까이에 있으면 나도 모르게 같은 기분이 들어서 나의 발걸음 역시 빨라지게 됩니다. 분주하게 열심히 움직이는 사람들 주위에는 항상 긴장감으로 가득한 공기가 감돕니다. 그리고 주변 사람들은 모두 숨 막힐 듯한 답답함을 느끼게 되지요. 무엇인가에 열중하며 전력 질주하는 모습은 많든 적든 간에 스트레스를 초래해 주위를 피곤하게 하는 요인이 되니까요.

그렇다면 정반대 성향의 사람은 어떨까요? 함께 있는 것만으로도 주위의 공기를 편안하게 만드는 사람, 얼굴을 떠올리는 것만으로도 왠지 마음이 편안해지는 사람, 이런 사람이 당신 주위에 한두 명 정도는 있으리라 생각합니다.

기분이 우울할 때나 마음이 어지러울 때일수록 이런 사람의 존재는 마음의 청량제가 되어 당신을 편안하게 해줄 것입니다. 지쳐 있을 때일수록 그 사람의 미소나 목소리가 생각나고 그리워지지 않나요? 만약 아주 가까이에 이처럼 함께 있으면 마음이 편안해지는 사람이 있다면, 그리고 당신 자신이 그런 사람이라면 다소의 스트레스는 능숙하게 없앨 수 있습니다.

현대를 살아가는 우리는 모두 바쁘고 저마다 몸에 피로가 쌓여 있습니다. 젊은 층에서도 마사지 등으로 몸을 풀어주는 것이 인기라고 합니다. 하지만 마음을 편안하게 해주는 사람의 존재는 그 무엇보다 기분 좋은 효과를 불러일으킵니다.

그렇다면 주변 분위기를 편안하게 만드는 그들의 힘은 어디서 나오는 것일까요? 저는 그들이 인생을 살아가는 '속도'에서 그 힌트를 찾을 수 있다고 생각합니다.

사람이 100명이면 100가지의 모습이 있고 제각기 걷는 속도도 다르겠지요. 옆으로 눈길 한 번 주지 않고 전속력으로 걷는 사람이 있는가 하면, 주변 경치를 천천히 즐기면서 걷는 사람도 있습니다. 걸음의 속도는 시간을 활용하는 법이나 삶에 임하는 자세로 바꿔 생각해볼 수 있지요.

급격하게 변화하는 현대 사회에서는 어느 누구도 스트레스와 무관할 수 없습니다. 많은 사람들이 어떻게든 시대 흐름에 뒤처지지 않도록 노력해야 한다며 막막함과 초조함을 느끼는 게 오늘의 현실입니다. 하지만 스트레스가 지나치게 쌓이면 그 여파로 여러 가지 마음의 병이 생깁니다. 우울증, 완벽주의, 신경증 같은 마음의 병을 호소하는 사람들이 앞으로도 더욱 증가할 것입니다.

이런 증상들은 역시 쉬지 않고 전속력으로 달려온 인생의 결과에 지나지 않습니다. 열심히 살아가려는 자세는 멋지지만, 무리하게 서둘러 가려고 하면 누구라도 극도로 피곤해지기 마련입니다. 여러 종류의 스트레스에 짓눌리지 않고 인생을 즐기기 위해서는 의식적으로 자신만의 속도로 걷고, 때로는 곁길로 벗어나보는 시간도 필요합니다.

"힘은 들지만 주위에서 달리면 나도 열심히 달린다. 누군가에게 추월당할 것 같으면 필사적으로 그 간격을 벌려놓는다."

이것이 지금까지 우리가 품어온 일반적인 생각이었습니다. 하지만 저는 이 책을 통해 지금 같은 시대야말로 의식적으로 다른 사람들과는 다른 속도로 걸을 필요가 있음을 제안하고 싶습니다. 속도를 조금 줄이고 천천히 천천히 대지를 힘차게 밟으며 걸어보는 것입니다.

여기서 다시 한 번 함께 있으면 마음이 편안해지는 사람의 얼굴을 떠올려보세요. 제가 알기로는 그런 사람들의 공통점은 결코 주위 사람들이 걷는 속도에 동요하지 않고 '자신의 속도'를 중요시한다는 것입니다.

자신의 속도로 걷는 사람은 바쁠 때는 빠른 걸음으로, 피곤할 때는 일부러 느린 걸음으로 조절할 수 있습니다. 한숨 돌리고 싶을 땐 쉬기도 합니다. 곁길로 가고 싶을 때는 다른 길로 성큼성큼 적극적으로 걸어보기도 합니다. 그때 뒤에서 누군가가 분주하게 다가와도 전혀 흔들리지 않습니다.

지금의 속도로 충실하게 걸어간다면 다른 사람들의 보조를 맞추려고 필사적으로 걷지 않아도 됩니다. 오히려 "어서 먼저 가세요"라고 당당하게 길을 내줄 수도 있습니다.

분주한 걸음을 멈추고 천천히 걸어보세요. 평소와는 다른 길을 걸어보세요. 그렇게 하면 지금까지는 보이지 않았던 세계가 보일 것입니다. 어쩌면 그것은 자연의 빛깔이나 소리일지도 모릅니다. 그것들을 느끼면 그냥 지나쳐왔던 일들이 감동적으로 되살아나고, 스트레스로 괴롭던 마음이 풀릴 것입니다.

걷는 속도를 바꾸는 것만으로도 당신의 마음에 작은 변화가 생깁니다. 인생에서도 자신의 속도를 아는 사람은 그런 작은 변화를 즐기고 나날의 행복을 느끼며 생활하고 있을 것입니다. 내면이 풍요롭기 때문에 다른 사람의 마음도 편안하게 해줄 수 있는 게 아닐까요?

이 책을 계기로 당신 자신만이 가진 소중한 것을 발견하여 하루하루 풍요로운 생활을 즐기는 마음의 습관을 들인다면 저는 참으로 행복하겠습니다.

## 6장 ⋯ 여유로운 나로 살기 위한 속도 바꾸기 연습

# 1장

# 무리해서 빨리 가면
# 피곤해질 뿐이다

# 힘내라는 말 대신
# 힘을 빼라는 말

함께 있으면 왠지 마음이 편안해지는 사람, 함께 있으면 피곤해지는 사람 중에서 당신은 어떤 사람이 되고 싶나요?

이런 질문을 던지면 대부분의 사람들이 "가능하다면 함께 있으면 마음이 편안해지는 사람이 되고 싶다"라고 대답하지 않을까요? 다른 사람을 피곤하게 하는 사람으로 기억되고 싶은 이는 세상에 거의 없을 테니까요. 그렇지만 곁에 있는 사람을 피곤하게 하는 사람은 우리 주위에 적지 않게 존재합니다. 설마 자신이 그 '피곤한 인간'이라고 생각하지 못할 뿐입니다.

그리고 우습게도 무엇인가를 열중해서 열심히 하는 사람일수록 함께 있는 상대방을 피곤하게 하는 경향이 있습니다.

물론 열중해서 열심히 하고 있는 사람들 모두가 그렇다는 건 아닙니다. 타인을 피곤하게 하는가 그렇지 않은가의 차이를 간단하게 설명하면 '무리해서 빠른 속도로 노력하는가, 아니면 자신만의 속도로 노력하는가'라고 말할 수 있을 것입니다. 다시 말하면 노력하는 자세에서 그 차이를 발견할 수 있습니다. 무리해서 빠른 속도로 노력하는 쪽이 주위를 피곤하게 한다는 사실은 쉽게 상상할 수 있을 것입니다.

'주위를 피곤하게 하는 사람'과 '함께 있으면 편안해지는 사람'은 마치 동전의 양면과 같습니다. 단지 노력하는 자세 혹은 무언가를 대하는 자세의 사소한 차이로 인해 상대방에게 주는 인상이 정반대로 바뀌게 됩니다.

돌이켜보면 우리는 힘내라는 말을 아주 일상적으로 사용합니다.

"자, 오늘 하루도 힘을 냅시다."

"잘 다녀오세요. 힘내세요."

전화를 끊을 때 가끔 인사 대신에 "힘내!"라는 말을 전하거나, 놀러 온 친구를 배웅하며 헤어지는 순간에도 "그럼 친구, 힘내!"라고 말할 때가 있지요. 일상생활에서 예를 들자면 끝이 없을 것입니다.

이 말은 나에게도 타인에게도 듣기 좋은 말이기 때문에 이처럼 아주 가볍게 쓰고 있는 게 아닐까요?

하루 중의 대화에서 오고 가는 힘내라는 말을 세어보면 아마도 방대한 숫자가 될 것입니다. 어떤 일에든 통계를 내보길 좋아하는 저한테는 흥미로운 일이기도 하고요.

'힘내다'라는 말은 원래 어떤 의미를 지니고 있을까요? 최고 권위를 지닌 사전을 비롯해 크고 작은 사전에 담긴 다양한 해석을 보면 '끝없이 인내하며 갖고 있는 힘을 최대한 발휘하여 노력한다' 혹은 '어떤 곤란에도 기죽지 않고 마지막까지 해낸다'라고 풀이할 수 있습니다. 그리고 '자신의 뜻을 끝까지 관철시킨다', '한 장소에서 절대로 움직이지 않는다', '꾸준히 힘을 써서 일한다'라는 의미도 있습니다.

이렇게 보면 힘을 낸다는 것은 굉장히 엄격하고, 괴롭고, 고집스러운 행위처럼 느껴져서 비장함마저 감돌지요.

다시 한 번 그 의미를 생각해보면, 조금 전에 "힘내"라고 가족이나 친구에게 성원을 보낸 사람일지라도 '인내', '곤란' 등의 용어에 주춤하여, "너무 힘쓰지 마"라든지 "적당히, 힘을 조금 빼도 괜찮아"라는 말로 바꾸고 싶어졌을지도 모르겠습니다.

힘내라는 말은 언제부턴가 우리의 입에 붙은 채로 어디론가 혼자 걷고 있는 듯한 느낌이 듭니다. 물론 일상의 대화에서 쓰이는 힘내라는 말은 사전의 뜻보다 가벼운 의미로 쓰이고 있지만 대부분의 사람들은 원래부터 노력하는 성향이 강합니다. 그것도 빠른 속도로 무리해서 노력하는 성향이 예전부터 강했지요.

이 성향을 지닌 사람을 한마디로 표현하자면 꾸준히 노력하며 일하는 성실한 사람이라고 할 수 있습니다. 경제적 동물이라 불릴 정도로 정말 성실하게 일에만 매달렸던 1990년대 중반 이후 아버지 세대가 그랬습니다. 걷는 속도를 보자면 부산한 걸음 정도가 아니라 전력 질주했고, 쉬거나 곁길로 샐 여유도 없이 그저 필사적으로 한 시대를 뛰어왔습니다.

이렇게 말하는 저도 당시의 노력하는 아버지 중 한 명이었습니다. 아침부터 밤까지 무아지경으로 쉬지 않고 일했습니다. 하지만 몸은 24시간 쉬지 않고 노력할 수 있는 구조로 만들어져 있지 않습니다. 한계가 있습니다.

그 한계에 도달했기 때문일 것입니다. 저는 마흔두 살에 과로로 쓰러져서 그때까지의 생활을 진지하게 돌아보지 않으면 안 되었으니까요. 전력 질주는 결코 오래가지 않습니다. 곧 숨을 헐떡이며 쓰러져버린다는 사실을 저는 경험을 통해 알았습니다.

지금은 세상이 다시 경제 문제로 숨을 헐떡이고 있습니다. 이런 시대이기 때문에 의식적으로 '너무 힘쓰지 마', '좀 더 천천히 걷자'라고 자신에게 말해보는 것입니다. 노력하는 자세에 대해 다시 한 번 생각해보는 것입니다.

인생의 속도를 바꾸고 어깨 힘을 빼면 지금까지 잘 보이지 않았던 여러 가지 삶의 힌트가 보이기 시작할 것입니다. 이 변속을 능숙하게 행한다면 다른 사람들에게 주는 인상도 크게 변합니다. '피곤한 사람'에서 '함께 있으면 마음이 편안해지는 사람'으로 변신하는 것입니다.

# 성실한 사람일수록
# 주의할 점

혹독한 시대를 상징하는 듯 피곤에 지친 무표정한 얼굴의 사람들을 거리에서 자주 볼 수 있습니다. 회사원, 주부, 학생 할 것 없이 피곤함으로 지친 모습은 마찬가지입니다.

주간지에서 다음과 같은 기사를 읽은 적이 있습니다.

"전철 안에서 사소한 일로 울컥 화를 내는 젊은이들이 증가하고 있다……."

한 예로 어떤 사람이 혼잡한 전철 안에서 신문을 읽다가 실수로 한 젊은 직장인의 머리에 손등이 닿았다고 합니다. 단지 그랬을 뿐인데 젊은 직장인은 그 사람을 뚫어져라 노려보며 "지금 뭐하는 거예요!"라고 무서운 표정으로 외쳤다고 합니다.

한 아이의 엄마는 텅 빈 전철 안에서 무릎 위에 아이를 앉히고 의자에 앉은 후 그 옆에 유모차를 놓았습니다. 그런데 통로에 충분한 공간이 있었는데도 지나가던 젊은 여자가 "도대체 왜 이런 걸 전철 안에 들이는 거람!" 하고 마치 싸움을 걸 듯 소리쳤다고 합니다.

이런 일들은 모두 필요 이상으로 예민한 반응을 보이는 경우입니다. 전철 안에서 거친 행동을 보이는 사람은 더 이상 나이와 상관없습니다. 젊은 층도 험악한 공기를 내뿜는 일에 가세합니다. 업무나 연애 등의 일에서 불만들이 쌓이고 쌓인 결과 예상치 못한 곳에서 밖으로 튀어나오곤 하지요. 마치 풍선이 뻥 하고 터지듯이 한순간 갑자기 화를 내게 됩니다.

스트레스가 원인이라고 생각되는 과민 반응에 더하여 최근에는 우울증이나 가슴앓이로 고민하는 사람들이 급증하고 있습니다. 병원을 찾아오는 환자들 중에도 이 같은 고민을 안고 있는 사람들이 많습니다. '잠깐이라도 좋으니 좀 쉬게 해줘'라는 몸의 신호를 무시하고 전력 질주한 결과 몸이 거부반응을 보여 건전한 심신을 유지

할 수 없게 되어버린 것입니다. 또 불황의 여파로 기업의 구조조정
이나 디플레이션뿐 아니라 여러 가지 마음의 문제가 일어나기도 합
니다.

세계보건기구WHO의 발표에 따르면 우울증 환자는 매년 증가
하고 있다고 합니다. 관련 통계로도 알 수 있듯이 우울증은 이미 일
반적인 질병의 하나로, 당신이나 당신 주위의 사람이 앓게 되었다
고 해도 조금도 이상할 것이 없게 되었습니다.

그런데 우울증에 걸리기 쉬운 사람들은 몇 가지 공통적인 성향
을 갖고 있습니다. 열심히 노력하기, 지기 싫어하는 성격, 꼼꼼함,
완벽주의, 강한 책임감, 융통성의 부족, 실수를 잊지 못하고 고민하
기 등등입니다. 이런 성향들은 그야말로 노력에 노력을 다하는 사
람들의 전형적인 모습입니다.

조금 다른 표현을 빌려 말하자면 '점착성粘着性'이라고 할 수 있
습니다. 다른 물질에 달라붙는 끈적거림 같은 성질을 말하는데, 이
점착성이 강할수록 벽에 부딪히기 쉽다고 생각하면 됩니다.

예를 들어 회사에서 완벽하게 일을 처리하는 모범 사원, 가정
에서 빈틈없이 가사를 해내는 부지런한 아내 혹은 엄마, 만점짜리
남편 혹은 아빠……. 모두가 매우 성실하고 좋은 사람들입니다. 아

마도 전철 안에서 울컥 화를 내는 사람도 틀림없이 성실한 노력가일 것입니다.

하지만 완벽을 추구하며 전력 질주하면 자신도 모르는 사이에 무리하게 되어 마음에 부담을 줍니다. 제아무리 완벽을 추구한다고 하더라도 완벽한 결과란 없는 것이기에 아무리 노력해도 자신의 요구가 만족되지 않아 거꾸로 괴로워지는 것이지요.

상대방에게 좋은 인상을 심어주고 싶고, 능력 있는 사람으로 보이고 싶다는 심리가 지나치게 작용하면 완벽주의에 빠지기도 합니다. 사실 성실한 사람일수록 이런 점에 주의해야 합니다.

# 마음의 나약함을
# 있는 그대로 인정하자

점착성이 강한 사람들에게 "취미가 뭐예요?"라고 물으면 서슴없이
"일입니다"라고 대답하는 경우를 많이 봤습니다. 취미가 없고 친구
가 적은 사람들은 주의할 대상입니다. 스트레스성 질병을 대표하는
우울증에 걸리기 쉽기 때문이지요.

　"요즘 모든 일이 귀찮기만 해."

　"늘 피로가 풀리지 않고, 누구하고도 만나고 싶지 않아."

　"즐겨보던 TV 프로그램이 이젠 재미없어."

이런 자각 증상이 일어난다면 위험 신호가 이미 켜졌다는 증거입니다.

우울증이란 글자 그대로 우울한 기분이 되어 기운이 없어져버리는 마음의 병입니다. 결단력 저하, 호기심 저하, 활력 저하 같은 증상이 일어나고 부정적인 감정에 사로잡혀 잘 빠져나올 수 없게 되지요.

이런 것을 '아침 습관 문란 증후군'이라 할 수 있습니다. 아침에 일어나기, 세수하기, 화장하기, 면도하기, 신문 읽기, TV 시청하기 같은 일들이 귀찮아지는 것이지요. 이렇게 아침의 생활 습관이 무너지기 시작하는 것도 특징입니다.

어쨌든 우울하고, 아무것도 하기 싫고, 아무것도 결정하지 못하겠고, 누구와도 만나고 싶지 않으며, 쉽게 잠들지 못하는 등의 부정적인 상태입니다. 사람에 따라서는 불안감 때문에 초조해져서 공격적으로 변하는 사람도 있고, 여기서 악화되면 '나는 왜 이 모양이지?' 하고 자신을 책망하는 자기비하의 경향을 강하게 나타내기도 합니다.

누구나 의욕을 상실하거나 기분이 우울해질 때가 있습니다. 만약 취미 활동이나 수다 떨기로 기분이 좋아졌다면 그다지 문제될 것은 없습니다. 일시적인 의욕 상실에 불과하니까요. 하지만 우울한 상태가 한동안 지속되고 몇 가지 증상이 한꺼번에 일어난다면 그건 좀 위험한 상태입니다.

'설마, 내가 우울증에 걸릴 리가 없지.'

이런 자만심이 있다 하더라도 노력하는 사람일수록 많은 위험이 숨어 있다는 사실을 알아야 합니다. 그리고 자신이 가진 심적 나약함을 있는 그대로 인정하는 것이 스트레스성 질병을 예방하고 평온한 마음을 유지하는 첫걸음이 될 것입니다.

# 사실 그렇게
# 노력할 필요는 없다

조금 우울해져 있을 때 가족이나 친한 사람들로부터 격려의 말을 들으면 어떤가요? 혹시 그 한마디가 비타민처럼 작용하여 마음에 활력이 다시 찾아오진 않나요?

하지만 심한 우울증에 빠져 있을 때는 전혀 다릅니다. 격려의 말도 그대로 받아들일 수 없게 됩니다. 특히 힘내라는 말은 때에 따라 무서운 극약이 되기도 합니다. 그리고 극약은 부작용을 일으키지요.

"남 일이라고 쉽게 말하지 말아요."

"그럴 수가 없으니 지금 괴로운 거잖아."

이렇게 조금 뒤틀린 감정이 일어나기도 합니다. 지나친 격려를 받으면, 쓸데없는 참견 말고 그냥 내버려두라며 상대방을 거부하고 싶어집니다. 우울 증세가 심각할 때는 힘내라는 말이 특별한 의미를 지닌 무거운 말이 되기 때문에 그 말을 들으면 지나치게 예민해져 화재경보기와도 같은 반응을 보이는 것이지요.

그럴 때는 오히려 "그래? 여러 가지로 힘들었겠군. 그 마음 이해할 수 있겠다"라며 이야기를 들어주는 편이 훨씬 더 그 사람을 편안하게 해주는 방법입니다.

우울증 환자는 더욱 심합니다. 열심히 하고 싶어도 그럴 수 없는 마음속 갈등으로 고통을 받고 있기 때문에 격려를 받으면 더욱더 괴로워집니다.

'사람들이 기대하고 있지만 난 지금 아무것도 할 수가 없어.'

'난 뭘 해도 안 돼.'

이런 생각으로 한층 더 자기혐오에 빠진 채 자신을 책망만 하는 결과를 얻을지도 모릅니다. 그렇다면 우울증에 빠진 사람은 어떻게 대해야 할까요?

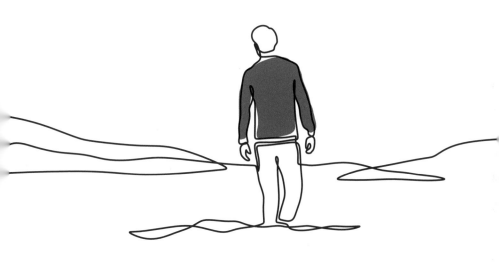

역시 중요한 것은 격려보다는 '공감'과 '이해'입니다. 무조건 상대방의 이야기에 가만히 귀를 기울이고 마음을 열 수 있도록 이끌어주어야 합니다. 따라서 우울증 환자에게 쉽게 힘내라는 말을 해서는 안 된다는 점을 기억하세요. "기운 내", "신경 쓰지 마"라는 식의 격려도 절대 금물입니다.

"그렇게 애써 노력할 필요 없어."

"좀 더 어깨 힘을 빼봐."

이렇게 말을 하면 조금 어이없게 들릴지 모르겠지만 실은 상대방이 마음속 깊은 곳에서 원하는 답이 여기에 있습니다.

앞에서 말한 것처럼 같이 있을 때 마음이 편안해지는 사람들의 공통점은 자신에게 무리가 가지 않는 속도로 산다는 점입니다. 또 남들과 다른 속도로 인생을 사는 즐거움을 알고 있다는 점입니다.

자신의 속도에 만족하고 있다면 다른 사람의 속도도 관대하게 받아들일 수 있게 됩니다. 쓸데없이 남을 비난하거나 공격적인 모습으로 변하는 일도 없을 것입니다. 그렇기 때문에 함께 있으면 마음이 편해지는 것입니다.

이런 사실을 알고 있는 사람은 풀이 죽어 있는 사람에게 "그러면 안 돼. 좀 더 열심히 노력해야지"라고는 절대 말하지 않습니다.

## 바쁜 자신의 모습에
## 기쁨을 느끼고 있진 않은가

우리는 매일 반복되는 아침 습관들을 객관적으로 바라보는 것만으로도 '나도 열심히 노력하고 있구나'라는 사실을 새삼스레 깨닫게 됩니다. 눈을 떠서 옷을 갈아입고, 세수하고, 토스트를 먹고, 커피를 마시고, 짬짬이 TV나 신문을 보고……. 콩나물시루 같은 전철 안에서 흔들리며 목적지에 도착하면 곁눈질할 틈도 없이 회사로 발걸음을 재촉하지요. 그러는 동안에도 핸드폰을 놓지 않고 문자 메시지를 보내는 바쁜 생활.

또 다른 누군가는 이른 아침에 일어나 밥을 짓고, 세탁기를 돌리고, 24시간 내내 쉬지도 못한 채 육아에 시달리기도 합니다. 혹은 일할 때의 얼굴과 집 안에서의 얼굴을 부지런히 바꿔가며 분 단위로 짜인 스케줄대로 움직이는 여성들도 있지요.

전보에서 전화로, 팩스에서 컴퓨터나 핸드폰으로 진행한 문명의 진화와 함께 우리 생활의 속도도 가속화되고 있습니다. 하지만 스피드 사회는 동시에 스트레스 과다의 상황을 초래했습니다.

몸은 하나밖에 없는데 두 가지 세 가지 일을 수행하게 되면 역시 무리가 따르게 마련입니다. 한숨 돌리고 싶다며 무엇인가를 배우기 시작하면 거기서도 역시 타고난 성격을 발휘하여 열심히 노력합니다. 뭐든 한 번 시작한 일은 마지막까지 완벽하게 해내야겠다는 지나친 성실함 때문에 무리해서라도 빠지지 않고 참석하고 그것이 다시 스트레스가 되는 악순환이 되지요.

어떤 여성은 다이어트를 위해 아침 수영을 시작했는데 지나치게 열심히 하는 바람에 얼핏 보기에도 건강과는 거리가 멀 정도로 말라버렸다고 합니다.

'오늘도 꼭 수영을 해야 한다.'

일종의 강박관념에 사로잡힌 결과 오히려 몸을 지나치게 혹사

한 꼴이 되어버리고 만 것이지요.

취미도 스포츠도 즐기면서 하지 않으면 숨 돌리기는커녕 오히려 역효과가 생깁니다. 여기서 잠깐 자신에게 질문을 던져보세요.

'도대체 나는 무엇에 쫓기고 있는 걸까?'

'왜 이렇게 빠른 걸음으로 걷고 있지?'

자신도 모르는 사이에 스스로를 바쁜 사람으로 내몰고 있지는 않나요? '그걸 해야 하는데'라는 식으로 머릿속이 온통 스케줄로 가득 차 있진 않나요?

마음이 편안해지는 시간, 마음 놓고 지내는 시간, 그저 멍하니 보내는 시간, 가족이나 친구들과 여유 있게 대화하는 시간을 갖고 있나요?

자신은 효율적인 워라밸을 실천하고 있다며 당당하게 말하는 사람도 균형 잡힌 생활에 지나치게 집착하면 무리하며 사는 사람과 마찬가지로 의외의 함정에 빠져버릴 수 있습니다.

잠깐 걸음을 멈추고 지금까지의 생활 습관을 되돌아보는 게 어떨까요? 자신의 속도로 사는 사람은 결코 바쁘지 않은 사람이 아닙니다. 실은 "바쁘다, 바빠" 하고 여기저기 뛰어다니는 사람들과 같은 양 혹은 그 이상의 일을 해내고 있는 사람도 적지 않습니다. 이

들이 다른 점은 상황에 따라 인생을 사는 속도를 바꿀 줄 안다는 점입니다. 다시 말하면 '숨 돌리기에 능숙한 사람'이라고 할 수 있습니다.

일상의 작은 즐거움은 걷는 속도를 조금 줄이거나 걸음을 멈췄을 때 발견할 수 있습니다. 그리고 자신의 속도로 사는 사람은 아무리 바쁜 상황에서도 능숙하게 숨을 돌리며 즐기는 법을 아는 사람입니다.

# 늘 손에 쥐고 있던 것을
# 한 번쯤 놓아보기

길을 걷고 있는데 등 뒤에서 "잠깐만", "죄송합니다"라는 말소리나 웃음소리가 들려와 뒤돌아봤더니 뒤에 오던 사람이 핸드폰으로 통화를 하고 있더라 하는 경험을 한 적 있나요? 현대인을 더욱더 바쁘게 하는 것 중 하나가 지금은 초등학생들조차 갖고 다니는 이 핸드폰이 아닐까 합니다.

핸드폰은 이미 우리 몸의 일부가 되어버려서 어딘가에 놓고 오기라도 하면 한바탕 소란이 벌어집니다. 집에 도착한 후에야 회사에 핸드폰을 놓고 온 사실을 알게 된 어떤 여성은 한 시간이나 걸리는 회사까지 핸드폰을 가지러 다시 갔다는 이야기도 들은 적이 있습니다.

물론 핸드폰이 있으면 생활이 매우 편하고, 언제 어디서든 누구에게라도 부지런히 연락을 취할 수 있습니다. 고령자들도 자식이나 손자, 친구들과의 대화 수단으로 용이하게 활용하고 있지요.

문자 메시지의 경우에는 시간이나 상대방의 상황을 고려하지 않고도 발신할 수 있다는 장점이 있습니다.

"안녕하신가요?"

"건강 조심하세요."

이런 간단한 문자 메시지로도 마음을 전할 수 있습니다.

하지만 한편으로는 "핸드폰을 켜두면 언제나 감시당하는 기분이 들어서 편치 않아"라고 말하는 사람도 있습니다. 일에 쫓기는 사람일수록 언제 울릴지 모르는 핸드폰을 귀찮게 생각하기도 합니다.

휴식 시간 동안에는 과감하게 핸드폰을 꺼두는 것도 좋겠지요. 평일에는 핸드폰을 손에 들고 빠른 걸음으로 걷는다 해도 휴일에는 핸드폰을 끄고 자유롭고 편안한 시간을 의식적으로 연출해보는 것입니다. 전원을 바꿔가며 삶의 속도를 조절한다면 바쁜 일상의 스트레스를 자연스럽게 줄일 수 있을 것입니다.

물론 핸드폰은 하나의 사례에 불과합니다. 평소에 늘 손에 지니고 있던 것을 휴일 동안만이라도 과감하게 놓아봅시다. 우울한 시간을 편안한 시간으로 바꿀 수 있는 하나의 계기가 될 테니까요.

## 마음의 병이
## 몸의 병으로 나타날 때

"요즘은 어쩐지 식욕도 없고 배도 자주 아프다."

"두통이 심해서 하루 종일 머리가 무거운 느낌이다."

이와 같이 많은 사람들이 자주 경험하는 신체 이상의 원인을 조사해보니 심각한 마음의 문제가 숨겨져 있는 경우가 다반사였습니다.

마음의 구조 신호는 반드시 마음에서만 보내오는 것이 아닙니다. 몸에 통증이 있거나 몸의 균형이 깨지는 등 전혀 예상치 못한

형태로 고개를 내밀기도 합니다.

'가면假面 우울증'이라는 병명을 들어본 적 있나요? 이것은 신체 이상 증상만 강하게 드러나는 우울증으로, 소화불량이나 두통을 비롯해 요통, 피로감, 성욕 감퇴, 생리 불순, 현기증, 이명 등의 증상으로 나타납니다.

몸에 통증을 느끼면 보통은 먼저 내과 등으로 가서 진단을 받습니다. 위장이 심하게 아플 때는 내과, 생리 불순인 경우에는 산부인과를 선택합니다. 주로 이렇기 때문에 마음의 문제는 발견이 늦어지기 쉽습니다. 몸에만 정신을 팔면 아무리 시간이 지나도 원인을 밝혀내지 못하고, 병원을 전전하는 동안 증상이 악화되는 경우가 있기 때문에 주의해야 합니다.

환자들에게 '가면 우울증'이라는 병명을 이야기하면 몸이 좋지 않았던 원인을 알게 되어 그 홀가분함에 우선 마음을 놓는 사람들이 있는가 하면, '설마 내가?' 하고 놀라움을 금치 못하는 사람들도 있습니다. 머리로는 어느 정도 이해하지만 지금의 몸 상태와 마음의 병이 좀처럼 연결되지 않기 때문이지요.

당사자가 그럴 정도이니 주위에서는 거의 눈치채지 못한다는게 이 병의 특징입니다. 언뜻 보기에는 평소와 다름없이 행동하기 때문에 건강한 사람으로 잘못 보게 되는 것이지요. 그렇지만 자세히 살펴보면 그렇지 않습니다. 사실 그 사람은 억지로 자신을 채찍질하여 건강하게 보이려고 애쓰고 있는 것입니다.

우리는 모두 어떤 고민이나 불안감을 가면으로 덮어 숨긴 채 생활하고 있습니다. 만약 그 가면 속의 고민이나 불안감이 지나치게 팽창하게 되면 어느 순간 폭발하여 몸에도 예상치 못했던 증상이 일어날지 모릅니다.

우울증은 '마음의 감기'라고도 불립니다. 무리하면 마음도 재채기를 하고 열을 냅니다. 그런 사태를 피하기 위한 기본은 평소에 능숙하게 숨을 돌리는 등 마음의 병을 축적하지 않는 태도입니다.

# 남 탓하는 사고방식과
## 이별하기

전력 질주하는 노력가가 있다면, 한편으로는 자주 남 탓을 하는 사람이 있습니다. 우리 주위에도 타인의 탓으로 돌리는 성향의 사람들이 자주 보이고 사회 전반에도 그런 성향이 만연해 있는 듯 보입니다. 어떤 문제가 일어나면 정부가 잘못했다, 회사 방침이 틀려먹었다, 사장이 무능하다, 학교 탓이다, 자라난 환경이 좋지 않다 등등 무슨 일에서든 다른 데에서 문제를 탓합니다.

불만을 품고 있기보다는 말로써 발산하는 편이 좋은 건 확실한 사실입니다만, 남을 탓하는 일이 버릇처럼 되면 불평불만은 점점 깊어질 뿐입니다.

'회사를 위해서 노력하고 있는데 월급이 오르지 않는다.'

'가족을 위해서 노력하고 있는데 전혀 인정받지 못하고 있다.'

이런 생각들은 성실하게 끊임없이 노력하는 성향과 남 탓하는 성향이 합쳐지면 나타나는 가장 전형적인 사고방식입니다.

관점을 달리해서 보면 남 탓하기는 문제로부터 가장 빨리 도망갈 수 있는 방법 중 하나입니다. 하지만 언제까지 도망만 다닌다고 해서 문제가 해결되는 것은 아니지요. '누구누구 때문에'라는 생각이 머릿속에 들러붙어서 더욱더 부정적인 감정을 느끼게 될 뿐, 불만은 조금도 해소되지 않습니다. 불평불만을 늘어놓는다고 해서 내가 바라는 대로 회사나 가족이 갑자기 변하는 것도 아닙니다.

그렇기 때문에 여기서 제안하고 싶은 것은 사고방식을 완전히 바꿔보자는 것입니다. '누구누구 때문에'를 '내 책임이야'라는 식으로 180도 바꾸면 한순간에 세상이 다르게 보일 것입니다. 물론 모든 일을 자신의 책임으로 돌리라고 말하고 싶은 것은 아닙니다. '나의 일은 나의 일'이라는 발상이 전제되어야겠지요.

지금의 회사, 지금의 일, 지금의 동료, 이 모두를 선택한 것은 바로 나입니다. 그렇기 때문에 불만이나 문제가 생겨났을 때는 '그럼 내가 어떻게 변해야 문제가 해결될까?'라고 정면에서 그것을 바라보아야 해결의 실마리가 보입니다.

또 노력이라는 문제를 예로 들어보면, 누군가에게 지시를 받아 노력하기보다는 스스로 책임감을 느껴 노력하는 쪽이 훨씬 덜 피곤하고 충실감도 맛볼 수 있게 됩니다.

다른 사람을 따라 빠른 걸음으로 걸으면 숨이 차고 피곤해지지만, 나의 의지대로 걸으면 훨씬 덜 피곤합니다. 오히려 정신적 충족감을 맛보게 되지 않을까요?

사고방식을 바꾸기만 해도 이렇게 커다란 변화가 찾아옵니다. 최선의 노력을 기울여도 보답을 받지 못하는 이유를 다른 사람의 탓으로 돌리는 사고방식을 가졌다면, 아무리 노력해도 도로아미타불이 되는 결과를 맞이할 것입니다.

## "잘했어"라고
## 내가 나를 칭찬하는 기쁨

"나 자신이 나를 칭찬해주고 싶다."

　육상선수 아리모리 유코가 이런 말을 한 것은 애틀랜타 올림픽에서 동메달을 획득했을 때였습니다. 이 말을 듣고 "경기를 끝낸 직후인데도 저렇게 센스 있는 말을 하다니, 대단하다"라며 감탄한 사람들이 많았을 것입니다.

　물론 아리모리가 이 말을 사전에 준비했던 것은 아닙니다. 그야말로 경기를 끝낸 뒤 처음으로 솟아오른 솔직한 감정, 즉 본심 중 본심이었지요. 부상, 부담감과 싸우면서 연습에 연습을 거듭한 끝에 올림픽이라는 커다란 무대에서 끝까지 달렸다는 만족감과 충족감이 이 한마디에 잘 나타나 있습니다.

이처럼 세상의 평가에 연연하지 않고 자신에게 "잘했다"라고 당당하게 칭찬의 말을 건넬 수 있는 사람은 행복할 거라고 믿습니다.

누구나 주위의 평가에 신경을 씁니다. 올림픽에서는 메달의 색깔이, 학교에서는 성적표가 주위의 평가 기준이 되지요. 하지만 그것에 너무 신경을 쓰다 보면 모든 일의 평가에 기준을 놓고 행동하게 됩니다.

특히 부모님이나 선생님에게 인정받고 싶다, 어른들의 기대에 부응해야 한다는 생각으로 공부를 하며 어린 시절을 보낸 우등생들에게서 이런 경향이 강하게 보일 수 있습니다. 좋은 학교에서 좋은 성적으로 좋은 평가를 받으며 자란 아이들은 성인이 되어서도 다른 사람들의 평가나 시선으로부터 자유롭지 못합니다.

주위의 평가란 내가 원하는 방향과는 다른 쪽으로 행해지는 경우가 적지 않습니다. 그래서 객관적인 평가를 받아도 늘 만족스럽지 못하지요.

예를 들어 부모가 원하는 학교에 입학해서 부모가 원하는 회사에 들어가고, 부모가 원하는 사람과 결혼했다고 가정합시다. 부모가 깔아준 레일을 따라 걷는 인생은 주위에서 보면 100점 만점, 더이상 말할 것이 없습니다. 그렇지만 자신이 걸어온 인생의 길이 누군가에 의해 결정된 것이라는 생각을 마음 한구석에서 하게 된다면 그것은 표면상의 만점에 지나지 않는 것입니다. 스스로 내린 평가에서는 그리 높은 점수를 얻지 못할 테니까요. 잘했다는 주위의 평가가 자신의 목소리와 반드시 일치한다고는 할 수 없습니다.

자기 스스로 자신에게 잘했다고 칭찬할 수 있는 것은 내면이 만족감으로 충만하다는 의미입니다. 자신이 선택한 인생의 길을 정확하게 평가하고 그것을 높이 사고 있는 것이지요. 주위의 평가에서 만점을 받은 것보다 스스로 만족할 때가 훨씬 행복하다고 할 수 있습니다.

최근에 당신 자신을 칭찬해주고 싶다는 마음을 가져본 적이 있나요? 그런 마음을 가져본 적이 없다면 당신은 주위의 평가를 지나치게 의식하고 있는지도 모릅니다. 다른 사람들이 걷는 속도에만 신경을 쓰고 있어서 당신 자신의 속도를 잃어버린 것일지도 모릅니다. 무리한 속도로 걷는 동안 몸과 마음은 병들어가고 불만이 쌓여가고 있을 가능성도 높습니다.

우선 자신의 의지에 따라 움직이는 습관을 들입시다. '이게 정말 내가 하고 싶어서 하는 일인가?'라고 솔직하게 질문을 던져가면서 무슨 일이든 스스로 책임감을 느껴가며 해보는 것입니다. 스스로 선택하고 노력한 일에 대해서는 그 결과가 60점이라 하더라도, 또 설사 50점이라 하더라도 만족감과 충족감을 느낄 수 있습니다. 또 내면이 만족감으로 충만한 당신을 만난 다른 사람들도 틀림없이 마음이 온화해지는 것을 느낄 것입니다.

아주 사소한 일이라도 "잘했어"라고 스스로를 칭찬해봅시다. 주위로부터 어떤 평가를 받게 될지는 모르지만 그건 상관없지 않을까요?

# 한 번의 실수로
## 인생 전부가 끝나는 건 아니다

'호사다마好事多魔'라는 말을 알고 있을 겁니다. 좋은 일에는 탈이 끼어들기 쉬움을 이르는데, 좋은 일이 일어난 때일수록 탈이 나서 실수를 하거나 방해를 받기 쉽다는 말입니다.

예를 들어 거품경제 절정기에는 온통 축제 분위기로 호화로운 신사옥을 짓거나 사업을 확장한 결과 경영 상황이 악화되어 실패를 하고, 거품이 제거된 뒤에는 천국에서 지옥으로의 전락이 여기저기서 일어납니다. 또 건강할 때는 "나는 어떤 일을 해도 끄떡없다"라며 지나치게 무리를 해서 몸을 망치는 일이 흔하지요. 상태가 좋은 때일수록 의외의 일이 일어나는 법입니다.

성공과 우울 사이에 밀접한 관계가 있다고 말한다면 놀랄 건가요? 하지만 그것을 증명하듯이 우울증에는 성공의 병이라는 별명이 있을 정도입니다. 예를 들어 회사원에게 성공이라고 하면 출세나 승진을 의미하는데, 막상 승진이 결정되어 책임감을 느끼는 자리에 오르면 그 순간 마음의 병을 앓기도 합니다.

경사스럽게도 한 기업의 부장으로 발탁된 A 씨. 주위 사람들이 보기에는 순풍에 돛 단 듯한 형국이었습니다. 누가 보더라도 겉으로는 우울증의 조짐 같은 것이 전혀 발견되지 않았지만 그 자신에게는 책임 있는 자리에 대한 중압감이 작용했는지, 우울 증상 때문에 출근조차 할 수 없게 되었다고 합니다.

물론 승진했다는 사실 자체는 커다란 기쁨이었을 것입니다. 하지만 한편으로는 '내가 해낼 수 있을까?', '부하직원들이 잘 따라줄까?'라는 여러 불안이 무겁게 작용했을 겁니다. 그 배경에는 실수를 두려워하는 마음도 있었을 테지요.

지금까지 열심히 노력해서 드디어 손에 넣은 성공이었습니다. 하지만 이 '드디어'라는 생각이 강할수록 상실감이 커지게 됩니다.

그리고 '이 성공을 놓쳐서는 안 된다'라는 무의식중의 초조함이 결국에는 자신이 그린 최악의 시나리오를 만드는 결과를 초래하지요.

이외에도 여러 가지 성공과 좌절의 순간들이 있습니다.

'드디어 그리고 그리던 내 집을 장만했다.'

'생각지도 않았던 복권에 당첨되어 큰돈이 수중에 들어왔다.'

'간절히 그리워하던 사람과 결혼에 골인했다.'

하지만 기쁨이 크면 클수록 다른 한편에서는 불안감도 커집니다. 복권에 당첨되어 큰돈이 수중에 들어오면, 그다음에는 '잃으면 어떡하지? 혹시 도둑이라도 들면?'이라는 새로운 불안감이 생겨납니다. 간절히 그리워하던 사람과의 결혼이 결정되면 '이 행복이 과연 영원히 지속될 수 있을까?'라는 걱정을 하게 됩니다.

아직 일어나지도 않은 불길한 일이나 실패를 지나치게 의식하면 무의식중에 자신의 행동에 제동을 걸게 됩니다. 그 결과 어렵게 손에 넣은 성공을 놓치고 마는 일도 생깁니다. 또 실패를 이미지화하면 뇌가 그 사고를 학습해서 그 일이 현실화되기 쉽습니다.

'아마도 무슨 일을 저지를 것 같아'라는 불길한 생각이 머리를 스치는 순간, 물건을 떨어뜨리거나 잃어버린 경험이 다들 있을 것입니다. 따라서 성공에 집착한 나머지 그 반대의 경우를 상상하게 되면 오히려 실패를 부르는 결과를 만날 수 있습니다.

'혹시 실패하더라도 인생 자체를 실패하는 건 아니야.'

이런 정도의 가벼운 마음으로 성공을 받아들이는 편이 이후의 일들을 편하게 대처할 수 있는 방법이 될 것입니다.

성공을 손에 넣었다고 너무 자신만만해하는 것도, 지나치게 신중해지는 것도 좋지 않습니다. '난 정말 대단해. 세상에 두려울 것이 하나도 없어'라고 생각해도, '난 틀려먹었어. 실패할지도 몰라'라고 생각해도 넘어질 수 있습니다.

일이 잘 풀리는 때일수록 객관적인 시선을 잃지 말고, 발밑이 흔들리지 않게 균형을 잘 잡으면서 인생의 속도를 조절해야 합니다.

## 실패에 대해
## 과민 반응하지 말 것

자신의 실패에 지나친 반응을 보이는 사람을 보면 어떤 기분이 드나요? 한번 상상해보세요.

실패에 대한 반응은 사람에 따라 다릅니다. 불평불만을 늘어놓는 사람이 있는가 하면, 아주 공격적으로 변하는 사람도 있습니다. 우울해져서 입을 다물어버리는 사람도 있고요.

예를 들어 어떤 일에서든 최고가 되고 싶은 노력가형 B의 경우를 볼까요? B는 다니던 회사에서 정리해고를 당했습니다. 다른 일

자리는 아직 구하지 못했고, 사생활에서도 좋지 않은 일들이 겹쳐 누군가와 커다란 싸움을 벌였습니다. B에게는 이렇게 안 좋은 일들이 연속으로 일어나는 것보다 괴로운 상황은 없었습니다.

예전부터 자신의 노력을 주위에서 알아주기를 바랐던 B는 상황에 대한 넋두리만을 늘어놓았고, 자신의 초조한 감정 또한 그대로 드러냈기 때문에 주변 사람들은 불쾌함을 느끼며 피곤해하곤 했습니다.

"이렇게 열심히 살고 있는데 어째서……."

"왜 나만……."

"끊임없이 노력했건만 이럴 수가……."

처음에는 B의 이런 넋두리에 귀를 기울이던 사람들도 얼마 지나지 않아 고개를 끄덕이는 일조차 귀찮다고 여겼을 것입니다.

만약 B가 아주 기분이 좋지 않은 날 당신이 그와 함께 차를 마시거나 식사를 한다면 어떻게 될까요? 젓가락을 올렸다 내렸다 하는 아주 사소한 행동에서도 B의 마음 상태가 드러나니 보고 있는 사람은 더욱더 피곤해질 것입니다.

만약 신경이 극도로 날카로워진 B가 "왜 나만……. 당신은 어떻게 그렇게 느긋할 수 있는 거지?"라며 공격적인 모습을 보인다면 이번에는 사람들이 B에게서 멀어져가겠지요.

그렇다면 B는 왜 자신의 실패를 마치 인생의 실패인 양 낙담하면서 괴로워하고 타인에게 공격적인 태도를 보이는 걸까요?

그 이유는 실패를 그저 단순히 실패로만 보고 다른 각도로는 보려 하지 않기 때문입니다. 그리고 한 번의 실패에 과민하게 반응한다는 것은 완벽을 추구하는 성향이 강하고 다른 사람의 속도를 지나치게 의식하고 있다는 반증이기도 합니다.

즉 '나는 나'라는 생각을 하지 못해서 다른 사람들보다 뒤처져 보이는 자신, 정상에 서지 못하는 자신이 답답하게 느껴지기 때문이지요. 그 결과 무리를 해서라도 걷는 속도를 빨리하고 다른 사람을 따라잡으려고 하기 때문에 자신도 주위 사람들도 숨을 헐떡이게 됩니다.

만약 '나는 나야. 서두르지 말고 나만의 속도로 가자'라고 생각한다면 상황은 변할 수 있습니다. 틀림없이 실패도 대수롭지 않은 마음으로 받아들여서 깊이 상처받거나 상대를 공격하는 일 따위는 없을 테니까요.

자신의 속도로 가는 일이 얼마나 편안한지를 알게 된다면 B도 자연히 주위 사람들을 편안하게 해주는 사람이 될 수 있을 것입니다. 계속 어깨에 힘을 주고 살면 다른 사람들에게 좋은 인상으로 남고 싶다고 아무리 발버둥친다 한들 현실적으로 불가능합니다. 우선 자신의 속도를 찾아 유지하는 것, 그게 가장 중요합니다.

# 속도를 조금 늦추면
# 무료한 일상도 달라진다

사람들은 곧잘 '인생은 여행'이라고 빗대어 말하곤 합니다. 다시 한 번 이 말을 곱씹어보면 참으로 제대로 된 비유라는 생각이 듭니다.

여행을 즐기는 데 능숙한 사람일수록 인생을 즐기는 데 능숙합니다. 기차로 장거리 여행을 한다고 합시다. 전원 풍경을 품은 지역을 오랜 시간 동안 달리고 있으면 창밖 풍경의 변화도 어느새 단조로워집니다. 이럴 때 '아이, 지루해라. 비슷한 풍경만 계속되네'라고 생각하는 사람이 있는 반면, '순간순간 조금씩 변하는 풍경을 즐겨볼까?'라고 생각하는 사람도 있습니다. 실제로 창밖 건너편의 길 가는 사람들을 바라보며 그들이 어떤 집에서 살고 어떤 삶을 살고 있을지 상상해보는 것만으로도 충분히 즐거운 시간을 보낼 수 있는데 말입니다.

몇 시간 동안의 기차여행은 사물을 보는 관점이나 사고방식만으로 즐겁고 재미있어질 수 있습니다. 지루한 여행, 재미있는 여행은 모두 나 자신에게 달린 것이지요.

인생도 마찬가지입니다. 하루하루의 생활은 당신의 사고방식에 따라 지루하기도 하고 재미있기도 합니다.

'이렇게 단조롭고 지루한 날이 앞으로도 계속될까?'

'하루하루가 너무 바빠서 힘들다.'

이렇게 생각하면 당연히 재미가 없어져 뭘 해도 즐겁지가 않습니다.

그렇다면 어떻게 해야 재미있어지는 걸까요? 그 대답은 너무나도 간단합니다. 단조로운 일상에서도 작은 변화를 놓치지 않고 멋진 발견이 가능하다고 생각하면서 즐기면 됩니다. 눈에 익은 출퇴근 풍경, 항상 걷는 거리에서도 매일 수많은 작은 변화들이 일어나고 있으니까요.

다만 작은 변화를 발견하려면 마음의 여유와 시간의 여유가 필요합니다. 걷는 속도를 조금 늦추고 주위의 풍경을 관찰해보세요. 틀림없이 무엇인가를 발견할 수 있을 것입니다.

바쁜 일상의 흐름에 떠내려갈 것 같은 순간일수록 우선 속도를 조금 늦춰봅시다. 여유를 갖고 시간을 활용해봅시다. 그러려면 용기가 필요하겠지만, 도전하지 않으면 아무것도 변하지 않습니다.

속도를 늦추는 즐거움을 경험했다면 자신만의 방법으로 좀 더 속도를 줄이고 걸음걸이를 바꿔보세요. 이런 식으로 인생을 즐길 줄 알면 눈앞의 길이 조금씩 열리는 것을 깨닫게 될 것입니다. 이제 무리하게 빠른 걸음으로 너무 많이 걸어서 힘들어지는 일은 없을 것입니다.

# 2장

# 왜 나만의 속도를
# 찾아야 하는가

# 누구에게나
# 숨 돌릴 시간은 필요한 법

다른 일은 모두 잊고 한숨을 돌리라고 권하고 싶을 때가 있습니다. 남을 지나치게 의식해서 자기도 모르는 사이에 자신의 속도를 잃어버린 채 사는 사람을 만났을 때입니다.

"잠깐 한숨 돌리러 가지 않을래?"

육아로 바쁜 주부들은 때때로 이렇게 연락을 주고받으며 만남의 기회를 만듭니다. 대체로 아이들은 어른의 입장 같은 건 배려하지 않고 행동하기 때문에 아이들을 돌보는 사람이라면 어쩔 수 없이 아이들 중심의 생활을 하게 되지요. 자신만을 위한 시간을 만들기란 어렵습니다. 육아를 경험해본 사람이라면 잘 알 것입니다.

만약 잠시도 쉬지 않고 24시간 내내 육아에만 매달린다면 심신에 피로가 축적되어 한순간 폭발할 위험이 있습니다. 최악의 경우에는 아동 학대나 신경증 등에 걸릴지도 모릅니다. 따라서 휴식이 필요해집니다. 육아도 어떻게 사고하느냐에 따라 즐겁기도 하고 고통스럽기도 합니다. 그렇다면 즐기면서 할 수 있는 방법을 익히는 게 상책이겠지요.

큰 소리로 노래를 부르거나 수다를 떠는 일은 손쉽고도 효과적인 기분 전환법 중 하나입니다. 한시도 아이에게서 눈을 뗄 수 없는 시기라 하더라도 주위의 협력만 얻어낸다면 몇 시간 동안의 여유 시간은 만들 수 있습니다. 그 얼마간의 시간을 유용하게 활용한다면 단조롭게 생각되던 육아 생활에 리듬이 생겨 즐길 수 있는 여유가 생겨납니다. 이런 방향으로 사고방식을 바꿀 수 있는 사람의 마음속에는 보다 좋은 방향의 변화가 일어날 것입니다.

아이를 돌보는 엄마들만이 아닌 누구에게라도 숨 돌리기는 필요합니다. 회사 동료라면 퇴근하고 한잔하는 일이, 건강에 신경을 쓰는 사람이라면 스포츠 센터에서 땀을 흘리는 일이 좋은 숨 돌리기 방법이 될 것입니다.

이런 일들을 두고 스트레스를 해소한다고 표현하지만 숨 돌리기는 스트레스를 해소한다기보다는 가벼워지게 한다고 말할 수 있습니다. 해소라고 하면 스트레스를 완전히 없앤다는 느낌인데 인간이 스트레스가 전혀 없는 상태에 있을 수 있는 시간은 엄마의 뱃속에 있을 때 정도입니다. 첫 울음소리 이후, 살아 있는 동안 스트레스를 제로로 만드는 일은 있을 수 없습니다. 인간은 일생을 통해 끊임없이 수많은 자극을 받는 운명에 처해 있으니까요.

하지만 적당한 자극은 있는 편이 오히려 좋습니다. 스트레스 학설의 창시자인 한스 셀리에 박사는 이런 명언을 남겼지요.

"적당한 스트레스가 없으면 인간은 멸망한다. 어떤 사람에게서 스트레스를 완전히 제거하면 그 사람은 무능해진다."

우리는 매일 수많은 자극을 받으며 생활하고 있습니다. 인간관계에서 생겨나는 갈등, 평온한 생활을 위협하는 소음, 불쾌지수를 높이는 더위와 추위 등등 예를 들자면 끝이 없지요.

"이제 더 이상 그 사람 얼굴은 보기도 싫다."

"그와 이야기를 나누면 언제나 화가 치민다."

직장이나 모임에서 인간관계에 문제가 생긴다면 함께 있는 동안은 강한 불만을 품게 됩니다.

또 근처의 건설 현장에서 소음이 들려와 "아, 시끄러워. 어떻게 좀 해봐"라며 매일매일 신경질로 시간을 보낸다면 불만은 축적되어 몸에서 스트레스 반응만 일어날 뿐입니다.

그래도 만약 대부분의 스트레스가 없어진다면 어떻게 될까요?

상상해보세요. 아무것도 하지 않고, 누구와도 만나지 않으며, 모든 것이 완벽하게 갖추어져 있어서 불쾌지수도 없고, 먹고 자고 하는 한가로운 생활, 아무런 노력이 필요 없는 상황을 말입니다. 피로가 쌓였을 때는 가끔 이런 생활을 원하게 되지만 1년 365일 내내 지속된다면 즐거움도 재미도 없는 무미건조한 인생이 되고 말 것입니다.

인간은 타인이나 사회와의 관계 속에서 비로소 희로애락을 느낍니다. 적당한 자극이 있기 때문에 인간다운 생활을 영위할 수 있지요. 즉 적당한 자극은 살아가는 데 없어서는 안 되지만 지나치게 많아도, 지나치게 적어도 안 됩니다.

그렇기 때문에 적절하게 한숨 돌리면서 하루하루를 나름의 방법으로 즐기려는 궁리를 해보세요. 이런 궁리를 잘하는 사람 또한 자신만의 속도를 자연스럽게 몸에 익힌 사람이겠지요.

자신의 속도를 몸에 익히지 못하는 가장 큰 이유 중 하나는 바쁜 일상생활에 휩쓸리기 때문입니다. 숨 돌리는 시간을 만들어서 잠깐 휴식을 취해보거나 옆길로 가보세요. 이런 행동들을 통해 자신에게 가장 적당한 인생의 속도를 발견할 수 있을 테니까요.

아무리 바쁜 사람이라도 속도를 조금 바꾸는 일은 가능합니다. 5분이 됐든 10분이 됐든 그 시간이 있는 것과 없는 것은 크게 다릅니다. 그 짧은 시간은 충분히 마음의 청량제가 되어줄 것입니다.

# 숨 돌리기와 스트레스의
## 불가사의한 관계

이제 슬슬 숨 돌릴 필요가 있다고 느낄 때, 몸에서는 어떤 스트레스 반응이 일어날까요?

지금 당신에게 괴로운 일, 걱정스러운 일, 불쾌한 자극이 한꺼번에 밀려온다고 합시다. 이럴 때 몸은 이 자극들에 맞서기 위해 전투태세로 돌입합니다. 곧바로 뇌하수체의 앞부분에서 자극이 전달되어 부신피질호르몬이 활발하게 분비되지요.

조금 전문적인 이야기를 하자면, 부신피질호르몬이란 아드레날린, 노르아드레날린이라고 불리는 물질입니다. '전투 개시' 신호에 의해 호르몬 분비가 활발해지면 전신이 긴장 상태가 되어 근육이나 혈관의 수축, 혈압 상승 같은 현상이 일어납니다. 자극이 강할수록 심장 박동이 빨라지고 호흡이 거칠어지는 등 몸의 변화가 두드러집니다.

이것은 아드레날린과 노르아드레날린이 자율신경을 자극하여, 사람이 긴장했을 때 민감하게 작용하는 교감신경 활동이 활발해졌다는 증거입니다. 즉 자기방어의 메커니즘입니다. 소름 끼칠 만큼 섬뜩한 공포의 순간, 깜짝 놀라서 움찔할 때의 몸 상태를 생각해보면 쉽게 이해할 수 있을 것입니다.

만약 평소에도 심한 긴장 상태가 계속된다면 몸은 언제나 전투 태세를 유지해야만 합니다. 그렇게 되면 사령탑인 뇌가 너무 많은 일로 피곤해져서 뇌의 노화가 촉진되는 문제가 발생합니다. 다시 말하면 극도의 불안이나 긴장은 뇌혈관 장애와 건망증으로 가는 지름길이지요. 그뿐만이 아닙니다. 심한 스트레스가 계속되면 우리 몸에 있는 면역 시스템의 작용도 약화되어 병에 대한 저항력이 약해집니다.

한 연구를 통해 밝혀진 마음의 문제와 암의 관계가 주목받은 적이 있습니다. 실제로 강한 불안감이나 긴장이 계속되면 암세포 퇴치에 관여하는 NK(내추럴 킬러)세포라 불리는 임파구가 제대로 작용하지 못한다는 사실을 알게 되었습니다.

사실을 말하자면 건강한 사람의 몸에서도 하루에 약 3천 개에서 5천 개나 되는 암세포가 발생하고 있습니다. 그런데도 암에 걸리지 않는 이유는 NK세포를 중심으로 하는 면역부대가 암세포를 처치해주기 때문입니다.

하지만 강한 불안감이나 긴장 상태가 계속되면 NK세포가 전투의욕을 상실하여 더 이상 싸우고 싶지 않다며 일을 하지 않게 됩니다. 그렇게 되면 NK세포의 공격을 면하게 된 암세포가 세력을 확대하여 체내에서 난동을 부릴 수 있습니다.

이처럼 몸이 휴식을 원하고 있는데 숨 돌릴 틈을 주지 않으면 불만이 점점 쌓이게 되고, 몸과 마음이 스스로를 상당히 위험한 상태로 몰고 갑니다.

# 스트레스를
# 능숙하게 다루는 방법

시간을 잊을 만큼 좋아하는 일에 몰두해본 적 있나요? 몰두하는 일
은 사람에 따라 다르지만 그게 무엇이든 그 순간에는 몸도 기뻐하
고 있을 것입니다.

　몰두하는 이유는 즐거워서, 재미있어서, 혹은 좋아해서입니다.
뇌가 즐겁다, 기쁘다, 재미있다는 상황에 바로 반응을 보여 '쾌락의
호르몬'인 도파민이 분비되지요. 면역세포의 활동도 활발해져서 암
등의 여러 병원체에 대한 저항력이 높아지는 등 감정과 더불어 보

다 좋은 쪽으로 몸의 변화가 일어나게 됩니다.

긍정적인 감정이 충만해지면 면역부대의 병력은 더욱 강해지고, 부정적인 감정이 충만해지면 면역부대의 병력은 약해집니다. 그렇기 때문에 큰 소리로 웃거나 즐거워하면 자연스럽게 병에 걸리기 힘든 몸이 만들어집니다.

건강의 기본은 무슨 일이든 즐기면서 하는 것입니다. 자신의 속도로 사는 사람은 생활 속 작은 일에서도 매일 즐거움을 발견하고 실천할 수 있는 사람입니다.

사회생활을 하는 이상 스트레스를 피할 수는 없습니다. 단지 어떤 일이든 가능한 한 즐기면서 임할 수는 있습니다. 노력하려면 긍정적인 사고를 하면서 노력하자, 빠른 걸음으로 걸어야 한다면 나의 의지로 그렇게 하자는 식으로, 노력이 꼭 필요할 때는 노력하는 방법을 바꿔보면 됩니다.

같은 일에 대한 똑같은 노력이라 할지라도 '정말 괴로운 일이다. 언제쯤 끝날는지……'라고 생각할 때와 '좀 힘들긴 하지만 좋은 기회니까 최대한 즐겨보는 거야!'라고 생각할 때의 몸 상태는 크게 다릅니다. 스스로 바꿀 수 있습니다.

괴롭다고 생각하며 노력할 때가 몸에 좋지 않다는 것은 말할 필요도 없는 사실입니다. '뾰족한 수가 없으니까 열심히 해야지'가 아니라 '좋은 경험이 될 테니까 열심히 하자'라는 기분이 되도록 사고 방식의 스위치를 바꾸면 몸의 반응도 바뀔 것입니다.

일에 국한된 이야기만은 아닙니다. 노래도 억지로 부를 때와 즐기면서 부를 때 면역세포의 기능에 차이가 생깁니다. 억지로 부를 때는 앞에서 이야기한 대로 면역 시스템인 NK세포의 활동이 저하되고, 즐겁게 부를 때는 NK세포의 활동이 활발해집니다. 과학적으로도 증명된 현상으로 부정할 수 없는 사실입니다. 긍정적 사고로 어떤 일이든 즐긴다면 몸은 즐거워합니다.

여기서 긍정적 사고를 기르기 위한 능숙한 숨 돌리기 방법을 소개하겠습니다. 스트레스를 영어로 쓰면 'stress'입니다. 재미있는 점은 이 'stress'의 여섯 글자가 각각 스트레스를 줄이는 방법의 키워드가 된다는 사실입니다.

sports(운동)

travel(여행)

recreation(오락)

eat(먹기)

sleep(잠)

smile(웃음)

　운동, 여행, 오락, 먹기, 잠, 웃음은 제가 생각하는 스트레스 경감, 즉 숨 돌리기를 위한 여섯 가지 조건입니다. 그리고 인생을 즐기기 위한 여섯 가지 조건이기도 하고요. 자주 몸을 움직이고, 여행을 하고, 놀이를 즐기고, 잘 먹고, 잘 자고, 자주 웃는 생활을 하려고 노력한다면 부정적인 자극 요인과 멀어지고 심신을 건강하게 유지할 수 있을 것입니다.

　최근에 마음 놓고 웃어본 적이 없다거나 재미있는 일이 없다고 한탄하고 있다면 곧바로 '스트레스'를 's · t · r · e · s · s'로 바꿔놓고 이 여섯 가지 숨 돌리기 방법을 생활 속에 도입해보세요. 자신의 속도로 사는 사람은 이 여섯 가지 조건을 일상생활에서 적극적으로 실천하고 있을 것입니다.

　무엇이든 재미있어 하면 스트레스는 멀어집니다. 인체의 법칙입니다.

# 열중하는 능력이야말로
## 마음의 특효약

뭔가에 몰두하는 것의 중요성을 몸소 가르쳐준 사람은 제 아버지입
니다. 제가 보기에 아버지는 우울증에 걸리기 쉬운 성격의 표본과
도 같지요. 굉장히 성실하고 꼼꼼한 사람, 즉 완벽주의자라는 표현
이 딱 어울리는 인물이었습니다.

겉보기에도 자율신경이 예민해서 지나칠 정도로 화장실에 자주
가고, 더위와 추위에도 민감해서 함께 있는 것만으로도 팽팽한 긴
장감이 전해져오곤 했습니다. 게다가 아버지의 인생은 우울증의 도

화선이 될 만한 위험한 사건들에 몇 번이고 직면했었습니다.

제가 어렸을 때의 일인데 할아버지가 설립하신 병원이 화재로 전소된 적이 있었습니다. 할아버지는 화재보험에 가입하지 않았기 때문에 이 화재로 우리 집안은 전 재산을 잃게 되었지요. 그 후 아버지는 낙담한 할아버지 대신 병원의 재건을 위해 전국을 분주히 돌아다녔습니다. 전국의 지인들로부터 돈을 빌리러 돌아다니다 피곤에 지쳐 집으로 돌아오면 기다리고 있는 것은 빚을 갚으라는 독촉 전화뿐이었습니다.

당시 아버지는 스스로가 "신경쇠약에 걸렸다"라고 기록했습니다. 그런 아버지의 모습을 보고 어린 마음에도 '이거 정말 큰일 났는걸. 앞으로 괜찮을까?'라는 강한 불안감이 들 정도였습니다.

할아버지의 뒤를 이어 원장이 된 후에도 아버지는 끊임없이 마음고생을 하셔서 오랫동안 수면제를 복용했습니다. 뒤이은 사건은 간신히 재건한 병원이 전쟁 때 폭격으로 다시 전소해버린 것입니다.

이런 상황들에 둘러싸여 있었으면서도 아버지가 우울증에 걸리지 않은 이유는 무엇이었을까요? 제 나름대로 분석해본다면 글쓰기에 몰두할 시간이 있었기 때문에 다행스럽게도 우울증을 피했다고 봅니다.

물론 아버지에게 글을 쓰는 행위는 단순한 취미가 아니었습니다. 경제적인 목적도 있었는데 어쨌든 좋아서 시작했고 시나 수필이나 산문을 쓰는 시간에는 적어도 그 세계에 몰두할 수 있었을 것입니다. 다시 말하면 일상을 잊을 수 있는 시간이 우울증 같은 정서질환의 발생을 억제했다고 생각합니다.

저 역시 우울증 초기 단계까지 간 적이 있었는데 여행과 비행기라는 취미 덕분에 회복할 수 있었습니다. 하루 종일 잡다한 일들에 쫓기며 일에 관한 것만 생각하면 연속되는 긴장감으로 뇌의 피로가 쉽게 쌓입니다. 그래서 저는 하루에 한 번 뇌를 편안하게 해주는 공백 시간을 갖고 있습니다. 대부분은 잠들기 전 제가 좋아하는 비행기에 관한 책이나 잡지를 읽으며 취미 활동에 몰두합니다. 이 잠들기 전 수십 분간의 의식에 의해 뇌가 해방되고 몸도 편안해지지요.

뭔가에 열중할 수 있다는 것은 최선의 숨 돌리기 방법이자 마음의 건강을 지키기 위한 상비약과도 같습니다.

# 머리와 마음을
## 혹사하고 있다면

운동을 많이 하면 몸의 근육이 피곤해지는 것처럼 이것저것 생각하는 시간이 많아지면 당연히 머리가 피곤해집니다. 피로가 쌓이면 머리가 무거워지고 두통이 일어나는 등의 자각증상을 동반하지요. 이런저런 생각들로 머리를 계속해서 쓰면 피가 머리로 쏠리게 되고 그 불균형적인 피의 흐름이 불쾌감을 야기해 나타나는 증상입니다.

머리가 피곤해지면 연동작용으로 마음이 피곤해집니다. 머리가 굳어지면 마음도 굳어지고요. 그런데 현대인은 아무래도 머리를 지나치게 많이 씁니다. 일상생활에서도 컴퓨터나 핸드폰은 없어서는 안 될 물건이 되어버려 머리는 끊임없이 움직이지 않으면 안 됩니다. 그 때문에 '테크노스트레스'를 호소하는 사람이 늘고 있습니다.

머리가 띵하고, 눈이 따끔거리고, 목과 어깨가 결리는 등 테크노스트레스 특유의 증상은 머리나 눈을 집중적으로 사용하기 때문에 몸의 균형이 깨져서 나타나는 현상들입니다. 특히 컴퓨터를 오랜 시간 동안 사용하면 사람과 대면하는 시간도 줄어들어 대화로 발산할 수 없는 양만큼 정신적 피로가 축적되기 쉽습니다.

장시간 책상이나 컴퓨터 앞에 앉아 있으면 '아, 몸을 움직이고 싶다', '신선한 공기를 마시며 걷고 싶다', '숨 좀 돌리고 싶다'라는 생각이 들 때가 있을 것입니다. 마음과 몸의 균형이 깨지려 하고 있으니 몸을 좀 더 움직이라는 몸의 경고이지요. 이럴 때는 그 경고를 받아들여서 평소에 잘 쓰지 않는 근육을 움직여주는 것이 가장 좋은 방법입니다. 즉 앞에서 소개한 숨 돌리기 여섯 가지 조건 중 하나인 '운동'을 적극적으로 해서 균형을 잡아주면 되겠지요.

주로 머리로 일을 하는 사람일수록 몸의 긴장을 풀어주어 혈액의 흐름을 좋게 해주는 것이 중요합니다. 피로가 한 부분에 몰리게 되면 그것과 반대되는 행동을 해서 발산시켜주는 것이 좋습니다.

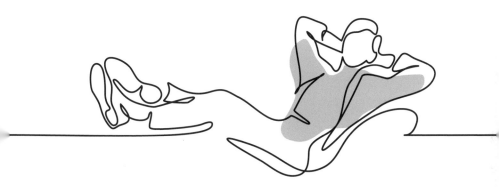

몸의 근육이 긴장된 채로 있으면 굳어진 마음도 좀처럼 풀어지지 않습니다. 그 결과 사소한 일로 고민하는 등 더욱더 머리를 쓰게 되고 부정적인 감정 또한 커지게 됩니다.

운동에 몰두하며 마음의 긴장을 풀어주세요. 혼자서 고민하기보다는 아무런 생각도 하지 말고 몸을 움직이는 편이 훨씬 효과 좋은 약이 될 테니까요.

피곤하면 쉬기, 하나의 자세가 힘들어지면 다른 자세로 바꾸거나 몸을 움직이기, 졸리면 자기, 하루 종일 기계만 상대했다면 사람들을 만나 이야기 나누기. 몸이 원하는 이런 당연한 행동들이 지금 당신이 실천해야 할 숨 돌리기 방법입니다.

# 얼마나 깊이
# 잠들 수 있는가

지금 불만이나 불안이 상당히 쌓여 있다고 느끼더라도 어느 정도 쌓여 있는지는 스스로 진단하기란 그리 간단치 않습니다. 체중이나 체지방은 수치로 나타나기 때문에 한눈에 알 수 있지만 안타깝게도 불만지수나 불안지수를 재는 기계는 아직 존재하지 않습니다. '나는 괜찮다'라고 생각하더라도 스트레스가 상당히 쌓여 있을 수 있고, '불만이 쌓여 있다'라는 것은 말일 뿐 넋두리하는 동안 대부분 발산되었을 수 있으니까요.

여기서 간단히 마음의 건강 정도를 잴 수 있는 척도로 '수면'을 알려드립니다.

매우 중요한 행사가 다음 날 있어서 잠이 오지 않았던 경험은 누구에게나 있을 것입니다. 설레서 잠이 오지 않는 경우가 있는가 하면, 불안해서 잠이 오지 않는 경우도 있고요. 어떤 경우든 일시적인 불면이라면 문제될 것이 없습니다.

하지만 언제나 깊이 잠들지 못하고, 언제나 중간에 깨어버리고, 안 일어나도 괜찮은데 아침 일찍 눈이 떠지는 등 불면이 습관처럼 되어버렸다면 문제가 있습니다. 잠의 질, 수면 상태가 좋지 않은 것은 자율신경의 균형이 깨져버렸다는 증거이기 때문입니다.

예를 들어 우울증 환자에게서 자주 볼 수 있는 증상이 잠은 깊이 자는데 두세 시간 만에 눈을 떠버리는 '수면 중단' 현상입니다. 이 경우 한 번 눈을 뜨게 되면 새벽까지 좀처럼 잠들지 못하고 괴로워합니다. 아침에 일어나면 힘들어하고 하루 종일 불규칙적으로 찾아오는 졸음 때문에 고생을 하지요.

밤중에 화장실에 가려고 일어나는 사람이 있는데 갔다 와서 바로 잠이 든다면 문제가 안 됩니다. 하지만 잠들고 싶은데 잠이 오지 않는 위험한 상태가 지속된다면 개선이 필요합니다.

우울증의 경우만이 아닙니다. 수면 시간이 불규칙하면 일상생활에도 지장이 생깁니다. 피곤이 풀리지 않고 한 가지 일에도 집중할 수 없어서 그 결과로 정신적 균형이 깨지고 평온한 마음을 지닐 수 없게 됩니다.

양질의 수면이란 푹 자고 가볍게 일어나는 것입니다. 이것이야말로 몸과 마음의 건강을 유지하기 위한 기본이지요. 잠이 오지 않을 때는 억지로 잠들려고 하지 마세요. 그것보다는 운동을 통해 몸을 움직이거나 좋아하는 취미 활동을 하거나 즐겁게 대화를 나누며 불면의 근본적인 원인을 제거하는 것이 선결 과제입니다.

# 한 걸음 물러서서
## 내 마음에게 물어보자

건강 상태를 진단할 때 참고할 수 있는 것이 심리학자들이 주장하는 마음 건강에 대한 정의입니다. 일례로 미국의 심리학자 에이브러햄 매슬로가 주장한 '자아실현에 성공한 사람들'의 특징을 보겠습니다.

· 현실을 있는 그대로 받아들인다.
· 자기를 수용하고 타인과 자연도 수용한다.

· 자발성을 가지고 있다.

· 일에 열중한다.

· 참신한 시선을 가지고 있다.

· 최고의 순간에 대한 경험이 있다.

· 사회에 대해 관심이 있다.

· 친밀한 대인관계를 유지한다.

· 적의 없는 유머감각이 있다.

· 창의적이다.

· 관습보다 자신의 내면에 충실하다.


자신의 능력이나 가능성을 발휘해서 성장한 사람은 정신적으로
도 건강해서 이런 특징을 겸비한다는 것입니다.

아주 간단하게 이야기해봅시다. 자신은 물론 남들까지 관대하
게 받아주고, 자신을 객관적으로 바라볼 줄 알며, 활동적이고, 대인
관계가 좋고, 자기를 책임질 능력이 있고, 유머가 있으며, 일상에서
도 즐겁고 재미있는 체험이 가능한가 하는 것이 마음의 건강도를
재는 지표가 됩니다.

반대로 자신에게도 타인에게도 비관적이고, 집중하지 못하고,

즐기거나 재미있어 하지 않으며, 자신을 책임지지 못하면서 남 탓하는 모습을 보인다면 지금 마음은 그다지 건강하지 않은 상태라는 진단이 가능할 것입니다.

물론 먼저 언급한 특징을 100퍼센트 충족시키기란 극히 어려운 일입니다. 전부 충족하려고 한다면 헛수고가 되겠지요. 우선 객관적인 관점으로 자신을 바라보고 현재 자신의 마음 상태를 아는 것이 가장 중요합니다. 한 걸음 떨어져서 자신의 내면을 바라볼 수 없다면 조금도 전진할 수 없겠지요.

# 전력 질주는
# 모두를 피곤하게 한다

몇 가지나 되는 역할을 완벽하게 수행하려다 보면 심신이 지쳐서 정서가 불안정해지고 신경질적으로 변하며 몸이 무거워지는 등 우울증과 비슷한 증상이 나타납니다. 가령 직장생활과 육아 모두 잘 해내고 싶은 워킹맘들은 하루 종일 쉴 새 없이 활약하는 여성들입니다. 아이를 데리러 어린이집에 가야 하는 시간까지 어떻게든 집중해서 일을 마무리하고, 집에 돌아와서는 단번에 집안일을 합니다. 일터에 나가는 것이 아이에게 부정적인 영향을 주지 않도록 아이와 대화를 나누는 시간도 중요시하고, 한편으로는 아내의 역할도 잘해내고 싶어 합니다.

'결혼해서도 아줌마 티는 내고 싶지 않다.'

'모든 사람에게 인정받고 존경받는 사람이 되고 싶다.'

하지만 생각이 지나치면 강박감이 되기도 합니다. 도를 넘어 지나치게 노력하다가 숨을 헐떡이며 쓰러질 수도 있습니다.

완벽한 사람이 되려고 애쓸 필요는 없습니다. 완벽주의자를 뒤집어 말하면 실패를 두려워하는 사람입니다. 그렇기 때문에 작은 실수가 커다란 상처가 되기 쉽지요.

하지만 생각해보세요. 여러 가지 역할을 완벽하게 수행하는 사람은 이 세상을 샅샅이 뒤져봐도 찾아낼 수 없을 것입니다. 오히려 완벽하지 못한 것이 당연하니까요. 그리고 지나치게 최선을 다하면 자신이 실패했을 때 주위의 공기까지 탁하게 만듭니다. 그렇게 되면 정적을 깨는 한 대의 폭주 차량과 같은 존재가 되고 맙니다. 이 폭주 차량은 다른 것과도 제대로 조화를 이루지 못합니다. 인생의 쾌적한 드라이브를 즐기기 위해서는 때때로 운전을 멈추고 휴식을 취하기도 하고 주위와 협력도 해야 합니다.

주위에 눈길 한 번 주지 않고 공부만 하는 공부벌레들에겐 접근

하기가 어렵지 않나요? 공부, 공부만을 생각하는 태도가 주위 친구들과의 사이에 벽을 만드는 건 아닐까요?

'아, 진짜 바쁘다. 이것도 해야 하고 저것도 해야 하고.'

이렇게 늘 힘쓰고 있는 사람 옆에 있으면 보고 있는 사람도 피곤해져서 조금은 거리를 두고 싶어집니다. 바쁘게 노력하는 그의 모습이 너무나 강렬하면 마치 나의 에너지까지 빼앗길 것 같은 위기감도 드니까요. 노력하는 모습을 지나치게 어필하면 주위 사람들이 더욱 피곤해합니다. 따라서 어깨 힘을 조금 뺀 상태가 가장 좋습니다. 자신의 속도로 사는 사람들의 매력이란 이런 게 아닐까요?

완벽주의자들은 시험 점수로 말하면 언제나 100점 만점을 목표로 하는 사람들입니다. 하지만 100점을 목표로 하면 계속 어깨에 힘이 들어간 상태가 되고 주위 분위기도 흐리게 됩니다. 언제나 100점을 목표로 하면 전력 질주할 수밖에 없으니 자신도 주위 사람들도 숨이 막히는 거지요.

차라리 80점이나 70점을 목표로 해보세요. 처음부터 20점이나 30점 정도는 빼놓는 것이 어깨 힘을 빼고 인생을 즐기기 위한 중요 포인트입니다. 80점이나 70점을 목표로 하면 마음이 편안해지고 인간관계도 좋아질 것입니다.

# 바쁜 때일수록
# 편안한 마음으로

우리는 대체로 바쁘고 언제나 많은 용건을 끌어안고 살아갑니다. 하나의 일이 끝나면 쉴 틈도 없이 또 다른 일, 그리고 또 다른 일이 줄을 서서 기다리고 있지요. 너무나도 바쁘면 '아, 누가 대신 일해주진 않으려나?', '왜 늘 나만 바쁜 거지?'라며 자신도 모르게 비관적으로 생각하기 쉽습니다.

대부분의 경우 대신해서 일을 처리해줄 사람은 없습니다. 어떻게든 마음을 다잡고 스스로 처리할 수밖에 없습니다.

저도 일이 너무 많아서 꼼짝 못 하는 경우가 더러 있습니다. 부탁을 받으면 거절하기 어려워하거나 또는 거절하지 않는 저에게 아내는 '예스맨'이라고 하더군요. 틀림없이 그럴지도 모릅니다. 그 때문에 수많은 원고 청탁이나 강연 의뢰를 끌어안고 마니까요.

이 와중에도 갑자기 선상 강연을 의뢰받았다면, 그래도 저는 아주 바쁜 일이 없는 한 거절하지 않습니다. '급한 일만 몇 개 처리하면 즐거운 선박 여행이 기다리고 있다'라고 마음을 토닥여 어떻게든 다른 일들을 마무리할 결심을 하거든요.

혹시 즐거운 일을 앞두고 산적한 일을 단번에 처리한 경험이 있나요? 그리고 그 결정이 좋은 쪽으로 작용하는 경우가 많다는 사실을 알고 있나요?

즐거운 일에 도달하기 위한 방법은 먼저 우선순위를 정하는 것입니다. '이것도 해야 하고 저것도 해야 하고, 이거 큰일 났다!'라고 생각하면 힘들어지고 심장에도 좋지 않으니 '어쨌든 할 수 있는 일부터 순서대로 해나가자. 그러면 틀림없이 끝낼 수 있을 거야'라고 생각하는 것입니다.

원고가 밀려 있을 때는 마감일, 쓰기 쉬운 주제, 원고 분량, 취향 등을 종합적으로 생각해서 우선순위를 정합니다. 도저히 정해지지 않을 때는 종이에 써서 지워나가는 방법으로 순서를 정해갑니다.

순서가 정해지면 앞으로 해야 할 작업을 낙관적으로 생각해야 합니다.

'자, 힘내자. 좋은 글을 쓰자. 무슨 일이 있어도 적당히 넘어가진 않을 거야.'

그런데 이렇게 너무 잘하려고 생각하면 오히려 시작이 힘들어져서 어깨에 힘이 들어가고 문장이 딱딱해집니다. 이때 필요한 것이 노자의 '소욕지족少慾知足' 발상입니다. 즉 마음의 요구 수준을 너무 높게 잡지 말고 100퍼센트 미만으로 생각하여 행동하라는 말이지요.

이런 발상법을 통해서 어쨌든 한 줄이든 두 줄이든 쓰기 시작하는 작전을 실천해봅니다. 스스로 등을 떠밀어서 속도가 붙도록 하는 것입니다. 이렇게 하면 의외로 일이 잘 풀립니다.

순서를 정했다면 '될 대로 돼라' 같은 편안한 마음으로 임해야 뇌세포도 유연해져서 펜도 자연스레 움직입니다.

저는 전부터 100퍼센트 강박관념에서 벗어나자고 주장해왔는데 일을 지나치게 많이 맡았을 때일수록 이 발상법으로 일을 진행해나가고 있습니다. 아니, 지금은 요구 수준을 좀 더 낮춰서 60퍼센트라도 좋다고 생각합니다.

바쁜 일상에 지쳤을 때 잠시 걸음을 멈추고 마음의 요구 수준을 다시 설정해보세요. 100퍼센트에서 많이 낮출수록 마음이 편안해져서 사면초가 같은 상황에서도 한 걸음 나아갈 수 있습니다.

'어쨌든 할 수 있는 일부터 해나가자.'

'바로 끝낼 수 있는 일부터 정리해보자.'

편안한 마음으로 눈앞의 일들을 해나가면 언젠가는 끝이 보입니다. 끝나지 않는 일은 없고, 괴로운 일도 그렇게 오랫동안 지속되진 않는 법이니까요. 당신이 이런 마음을 가질 수 있게 된다면 틀림없이 자신의 속도로 사는 사람에 가까워진 것입니다.

# 3장

인생의 속도를 바꾸면
모든 게 새롭다

# 요구 수준을 낮추면
# 새로운 사람이 보인다

자신에게 가장 적절한 속도를 모르는 채로 있으면 아무래도 다른 사람의 속도가 마음에 걸려서 '따라가자', '따라잡자'라는 생각을 하고 무리하기 십상입니다. 또 늘 완벽을 추구하면 숨 돌릴 틈도 없이 계속 노력해야 하고 그 결과 주위 사람들마저 그렇게 만들어버리기 때문에 그들도 피곤해집니다.

당신의 적절한 속도를 알기 위해서는 이 노력에 대해 다시 생각해볼 필요가 있습니다. 여기서 한 가지 제안해봅니다. 적절한 첫걸음을 떼려고 노력하는 일부터 시작해보면 어떨까요?

때로는 천천히 가는 습관을 들이고 숨 돌릴 여유 시간을 가진다면 자신에게 맞는 속도를 점차 알게 될 것입니다. 전력 질주를 그만두고 속도를 줄이면 자신을 객관적으로 볼 수 있게 되니까요.

자신에 대해서도, 다른 사람에 대해서도 완벽주의를 버리면 인생을 즐길 수 있는 힌트가 여기저기에서 모습을 드러낼 것입니다. 어떤 일에든 완벽을 기하지 말고 작은 욕망을 갖는 것이 인생을 편하고 즐겁게 보낼 방법이 됩니다. 이것이 저의 지론입니다.

예를 들어 여러 가지 인간관계 문제를 둘러보면 그 원인에는 하나의 공통점이 있습니다. 상대방에게 지나치게 완벽을 요구하고 있다는 것입니다. 부부, 부모와 자녀, 상사와 부하직원 사이에서 생기는 고민스러운 관계는 여러 요인이 작용하겠지만, 잘 살펴보면 어떤 경우라도 상대방에 대한 요구 수준이 너무 높기 때문에 관계가 삐걱거린다는 사실을 파악할 수 있습니다.

어떤 직장인은 이런 불평을 늘어놓았습니다.

"부장님이 기계에 약해서 제게 이것저것 물으세요. 도무지 일이 손에 잡히지 않을 정도라니까요."

어떤 주부는 이런 고민을 털어놓았습니다.

"남편이 아무런 예고 없이 직장 동료나 친구를 집으로 데리고 와요. 그때마다 대접하느라 피곤할 지경이에요."

또 어떤 남성은 이런 불만을 늘어놓았습니다.

"결혼 이후로 단 한 번도 아내가 나보다 먼저 일어난 적이 없어요. 아침상을 차린 적도 없고요."

하지만 이들이 말하는 부장님이나 남편, 아내도 다른 사람에게는 그 인상이 상당히 다를 수 있습니다. 기계에 약한 귀찮은 부장님은 잘난 척하지 않는 사람 좋은 상사로, 늦잠 자는 아내는 자기 나름의 속도를 지키는 재미있는 아내라고 보는 사람이 있을 것입니다.

어디서 그런 시각의 차이가 생겨나는지를 한마디로 말하자면 바라보는 사람의 요구 수준이 다르기 때문입니다. 기대치가 높을수록 그 사람에 대한 불만이 높아지는 것이지요. 처음부터 완벽하게 이상적인 상사, 이상적인 남편, 이상적인 아내를 얻는 일은 어차피 무리 아닌가요? 그리고 받아들이는 관점에 따라 상대방의 좋지 않았던 인상도 점점 좋은 방향으로 바뀌기도 하고요.

나 자신에 대한 요구 수준도 마찬가지여서 높이 설정할수록 갑갑해지고, 낮게 설정할수록 편안해집니다.

우선 100점 만점으로 높이 설정한 경우에는 아무리 우수한 인재라도 자신으로부터 언제나 100점을 받진 못합니다. 그것은 마치 답안지를 채점하는 것과 같아서 아무리 노력했더라도 95점을 받기도 하고, 89점을 받기도 하니까요. 만점을 목표로 하는 사람에게 만점 외의 점수는 모두 실패입니다. 80점도 실패이고, 60점은 그야말로 치명적인 실패이지요. 덕분에 언제나 만족하지 못합니다.

반대로 낮게 설정한 경우에는 사고방식이 완전히 바뀌게 됩니다. 80점으로 설정하면 80점으로도 성공이고 100점이라면 대성공이 되겠지요. 60점을 받더라도 커다란 실패라고까진 생각하지 않습니다. 만약 60점으로 설정한다면 마음에 더욱 여유가 생길 테고요.

이런 비교로 알 수 있듯이 100퍼센트 완벽함을 목표로 열심히 노력하는 사람일수록 쉽게 좌절하고 정신적 스트레스도 쉽게 쌓입니다. 그리고 정신이 건강하지 않으면 주위 사람들에게도 안 좋은 영향을 줍니다.

노력하는데도 인생이 즐겁지 않거나 더 나아가 남을 피곤하게 한다면 그 노력은 손해를 부를 뿐입니다. 따라서 자신에 대해서도, 타인에 대해서도 완벽을 기대하지 않는 것이 좋습니다. 높은 요구 수준을 낮추는 일이야말로 쾌적한 삶을 영위하기 위해 마음이 요구하는 것이라 할 수 있습니다.

# 60퍼센트라도
# 좋다

요구 수준을 낮추는 일은 자연스럽게 긍정적인 사고를 길러줍니다. 100점을 목표로 하면 99점일 때도, 98점일 때도 '이런, 어떻게든 부족한 부분을 만회해야지', '분하다, 다음엔 기필코 100점을 받아야지'라는 생각으로 또다시 전력투구하지 않으면 안 됩니다. 덕분에 언제나 신경이 날카로워져 있지요. '이번에도 실패다', '역시 실패다', '왜 이렇게 실패만 하지?'를 반복하는 동안 사고방식은 더 부정적으로 바뀔 우려가 있습니다.

하지만 목표를 80점으로 설정하면 그 순간 20점의 여유가 생깁니다. 따라서 어느 정도 부족분이 발생하더라도 '이만큼 한 것도 잘했다'라고 여기게 되지요. 같은 일을 하더라도 목표를 어떻게 잡느냐에 따라 전혀 다른 반응을 보입니다.

옷을 예로 들면, 고급 브랜드 의상으로 머리부터 발끝까지 100퍼센트 완벽하게 치장한다면 자신도, 보는 사람도 어깨에 힘이 들어가게 됩니다. 어느 정도 빈틈 있는 모습이 상대방을 대하기에도 편하고, 또 부족분을 보완하려고 창의력을 발휘해 꾸밀 여지가 생기면 스스로도 즐거움을 느낍니다.

'부족한 점이 있는 편이 좋다', '부족한 점이 있는 건 당연하다'라고 관대하게 받아들인다면 불안 요인도, 분노 요인도 점점 줄어들 것입니다. 이것이 요구 수준을 낮추는 일의 장점입니다. 20점의 여유는 다시 말하면 안심하는 방법이고, 언제나 안심을 저축해두게 되기 때문에 인생을 긍정적으로 즐기는 방법이 되는 것입니다.

제 이야기를 해보면, 얼마 전부터 요구 수준을 뚝 떨어뜨려서 '70퍼센트나 60퍼센트도 좋아'라고 생각하고 있습니다. 나이가 들면서 아무리 높은 요구 수준을 설정하더라도 뇌세포가 그 요구에 응하지 못하게 되어버렸으니까요.

"어? 안경을 어디에 뒀지? 어디에 두고 왔더라?" 하고 한바탕 소동을 벌이는데 "지금 안경 쓰고 있잖아요"라고 아내가 말합니다. 게다가 집에 전화를 걸려고 할 때는 집 전화번호가 좀처럼 떠오르질 않습니다. 제겐 이런 상황들이 자주 일어납니다.

만약 완벽을 추구하던 사람이 이런 일에 처한다면 이런 생각을 할 것입니다.

'아, 나도 이렇게 건망증이 심해졌구나. 한심해.'

'벌써부터 젊은 녀석들한테 질 순 없지. 좀 더 분발하자.'

하지만 제게는 30~40퍼센트의 여유가 있어서 웃어넘길 수 있습니다. '이야깃거리가 하나 늘었어. 사람들에게 말해주면 즐거워할 거야'라는 정도로 가볍게 받아들이는 것이지요. 요구 수준을 낮추었기 때문에 아내에게도 이렇게 했으면 좋겠다, 저렇게 했으면 좋겠다는 식의 불만 표현도 하지 않게 되어 부부 사이가 더 원만해졌습니다.

요구 수준은 자유롭게 설정하면 됩니다. 아직 젊은 당신은 우선 80퍼센트 정도의 수준에서 시작해보는 게 어떨까요? 80퍼센트도 부담스럽다면, 다음에는 70퍼센트, 그다음에는 60퍼센트로 설정을 바꿔가며 무리하지 않는 수준에서 시도해보면 좋겠습니다.

중요한 것은 그 수준의 정도가 아니라 완벽하고자 하는 마음에서 벗어나 모든 일을 편하게 생각하는 습관을 들이는 것입니다. 물론 기대치에 다가가려면 노력이 필요하고, 노력한 만큼 부족한 부분을 달성했을 때 기쁨은 커집니다.

열심히 살아도 인생이고, 느긋하게 살아도 인생이라고 생각을 전환해보세요. 작은 생각의 전환으로도 일과 인간관계에서 여유가 생겨 눈앞의 일을 긍정적으로 바라볼 수 있습니다. 당신이 가진 '마음의 여유'가 틀림없이 당신의 속도를 찾게 해줄 것입니다.

# 적당히 엄격하게,
## 적당히 부드럽게

생각해보면 제 아버지와 어머니는 모두 완벽을 추구하는 성향의 사람들이었습니다. 같은 완벽주의자이긴 하지만 성격은 판이하게 달랐지요.

아버지는 성실하고 꼼꼼한 성격으로 다른 사람의 표현에 의하면 '신경질적인 기분파'였고, 어머니는 상당히 낙천적인 성격으로 호기심이 강하고 뭐든 일등만을 고집하며 노력하기를 아주 좋아했습니다. 겉으로 보기에도 정반대의 성격을 가진 두 분은 결과적으로는 물과 기름과도 같은 부부 관계였습니다.

하지만 두 분에겐 물과 기름을 섞어보려는 마음이 없었던 듯합니다. 아버지는 문학 쪽으로, 어머니는 호기심에 따라 여행을 떠나는 식으로 살았습니다. '나는 내가 좋아하는 일을 할 테니 당신도 당신이 좋아하는 일을 하시오'라며 서로 다른 방향을 향하고 있었기 때문에 정면충돌을 피할 수 있었지요.

완벽주의자들이 상대방에게 자신의 이상을 강요하면 당연히 충돌할 것입니다. '절대로 A여야만 한다'라는 생각과 '절대로 B여야만 한다'라는 생각이 정면으로 부딪혀서는 결론이 날 리가 없습니다. 100점을 요구하는 수준을 서로 조금씩 낮추지 않으면 영원히 평행선을 걷게 됩니다. 나에게도 남에게도 엄격하면 여유가 없기 때문에 숨이 막혀서 그야말로 험악한 관계가 되고 말지요.

그렇다고 해서 '외유내강형'으로 변화하면 자기만 무거운 짐을 도맡아 몸을 움직일 수 없게 됩니다. 타인에게 부드럽게 대할수록 혼자 노력해야 하는 부분이 늘어나 바빠지고 균형이 깨집니다. 한편 '외강내유형'은 반대로 상대방에게 무거운 짐을 지우게 되니 균형이 깨지는 건 마찬가지입니다. '외유내유형'은 너무 극단적이어서 견딜 수 없게 되고요.

결과적으로 나 자신에 대한 요구 수준도, 타인에 대한 요구 수준도 적당한 것이 좋지 않을까요? 적당히 엄격하게, 적당히 부드럽게. 이런 인간관계라면 '적당함'에서 생겨나는 여유로 사이가 원만해지고 서로 마음 편하게 만나는 관계가 될 것입니다.

# 계획이 틀어진 순간
# 어떻게 할 것인가

A는 동료 네 사람과 하와이로 여행을 떠났습니다. 그런데 호텔에 도착한 순간 조그만 문제가 일어나고 말았습니다. 바다 전망이 보이는 방을 예약했는데 창밖 경치가 그다지 좋지 않은 반대편 방으로 안내받게 된 것입니다. 바로 방을 바꿔달라고 요청했지만 마침 만실 상태여서 어쩔 수가 없었지요.

크게 화를 낸 사람은 바다 전망을 누구보다 원했던 동료 B였습니다. "이건 약속하고 다르잖아"라며 좀처럼 분을 삭이지 못했기에

다른 세 사람은 B를 달래기에 여념이 없었습니다.

이번 여행 예약은 그들의 직속 상사가 해준 것이었습니다. 여행사에 아는 사람이 있다며 특별 가격으로 항공 티켓과 호텔 방을 예약해준 것이었지요. 그 상사와도 국제전화로 연락해봤지만 상황은 조금도 변하지 않았고, 그렇게 그들은 호텔 직원이 안내해준 방에서 묵어야 했습니다.

이후 A와 B는 그야말로 정반대의 반응을 보였습니다. B는 3박 4일의 여행 기간 내내 기분이 상해서 "방 때문에 모처럼의 여행이 엉망이 되어버렸다"라며 하는 말마다 불평불만 일색이었습니다. 한편 A는 '모처럼 나왔으니 기분 좋게 여행을 즐기자. 나중에 생각해보면 이것도 좋은 추억이 될 거야'라고 마음을 고쳐먹었습니다. 그리고 실제로 여행 일정을 소화해가면서 낮에는 바다로 나가거나 쇼핑을 하는 등 바빠서 방에 있을 시간이 거의 없었습니다. 방 안 창문에서 바다가 보이느냐 보이지 않느냐 하는 건 그다지 문제가 아니었습니다. 결국 B는 이 여행을 만끽하지 못했지만 A는 긍정적인 생각으로 시간을 보냈지요.

당신도 이와 비슷한 경험이 있나요?

여행 일정이 조금이라도 바뀌면 정색을 하며 기분이 나빠지는 사람이 있습니다. 가보고 싶었던 가게에 갔는데 정기휴일이어서 들어갈 수 없었다는 이유만으로 어깨를 축 늘어뜨리는 사람도 있습니다. 이럴 때 요구 수준을 낮추는 여유가 있다면 바로 마음을 고쳐먹고 새로운 경험을 즐길 수 있을 것입니다.

# 난감함을 즐거움으로
# 바꾸는 힘

저도 자주 여행을 떠납니다만 여행에는 언제나 변수가 따르게 마련입니다. 그러니 만약 100퍼센트 완벽한 여행을 기대했다가는 끊임없이 불평불만을 늘어놓게 될 것입니다. 여행 일정이 마음에 들지 않는다, 음식이 입에 맞지 않는다, 호텔이 불편하다, 같은 일행 중에 마음에 안 드는 사람이 있다, 피곤하다, 졸립다, 덥다, 춥다⋯⋯ 모두 열거하자면 끝도 없지요. 오랜만에 떠난 여행 분위기도 흐리게 되어 곧 일행들로부터 미움을 살 것입니다.

다행히 저는 새로운 경험을 즐기는 편이라서 사소한 문제로 마음을 상하거나 하진 않습니다. 문제는 당연히 일어나는 것이라고 생각하기 때문에 '또?'라는 정도로 여기고 그 대응책을 마련하려고 애쓰지요.

이런 종류의 문제를 재미있어 하는 사람도 있는데 저는 지금 이 순간 어머니가 떠오릅니다. 어머니는 오히려 '문제 대환영'이라 할 정도로 남들과 다른 면이 있었습니다. 자신이 탄 비행기보다 바로 앞서 출발한 비행기가 공중 납치되었을 때는 "이런! 앞의 비행기를 탔으면 좋았을 것을" 하고 굉장히 안타까워했을 정도입니다.

안타까워한 이유는 바로 앞 비행기에서 일어난 공중 납치 사건을 직접 체험하지 못해서였습니다. 이렇게 극성스러울 정도의 호기심과 긍정적 사고를 가진 덕분에 여든 살 가까운 나이에도 남극 탐험과 에베레스트 등반 같은 커다란 모험도 할 수 있었을 것입니다.

어머니는 좀 극단적이긴 하지만, 여행에 대한 기대치를 조금 낮추는 것만으로도 많은 난감함을 즐거움으로 바꿀 수 있습니다. 문제가 일어나기 때문에 여행은 즐거운 것이고, 또 그런 여행을 오랫동안 추억할 수 있는 것이겠지요.

외국으로 여행을 자주 가는 사람일지라도 자국의 음식점이나 패스트푸드점 같은 곳에서 익숙해진 음식만을 먹으려는 사람이 있습니다.

'모르는 걸 시켰다가 입에 안 맞으면 돈 아깝잖아.'

'속 편하게 늘 먹던 걸로 먹자.'

이런 이유로 언제나 먹는 음식만 먹는다면 여행을 충분히 즐겼다고 할 수 없을 것입니다. 입에 맞는 자국 음식점이나 패스트푸드점은 돌아와서도 얼마든지 갈 수 있습니다. 그러니 외국 여행을 떠났을 때만큼은 뭐든 먹어보세요.

가령 '뭐든 먹어보자'라는 생각으로 여행지의 언어로 쓰인 메뉴 중 하나를 적당히 손가락으로 가리켜 주문을 했다고 합시다. 그리고 생각했던 것과 전혀 다른 맛이나 의외의 모양을 한 음식이 나왔다고 상상해봅시다. 어떤 의미에서는 실패일 수 있지만 그 음식은 강렬한 인상과 함께 언제까지고 마음속에 남아 있게 됩니다. 함께 간 친구에게 "그때 그 음식은 정말 맛이 없었어. 좀 황당했지"라고, 많은 시간이 흐른 뒤에도 웃으며 이야기할 수 있을 것입니다.

여행 친구로 적당한 사람은 이렇게 문제를 즐길 줄 알고 기대치를 낮출 줄 아는 사람입니다. 제 어머니처럼 극단적으로 문제를 즐길 필요까진 없겠지만 어느 정도 문제에 대한 면역력은 필요하다고 생각합니다. 그런 친구와 함께 여행지 곳곳에서 여러 가지 맛을 지닌 음식을 먹어보는 등의 경험을 한다면 틀림없이 즐거운 여행이 되겠지요.

# 힘든 일, 하기 싫은 일을
# 극복하는 법

취미 활동으로 바쁜 것과 일에 쫓겨서 바쁜 것은 몸에서 느껴지는 피로가 명백하게 다릅니다. 또 좋아하는 일을 척척 처리할 때와 싫어하는 일을 억지로 할 때의 몸의 반응은 전혀 다릅니다. 말할 것도 없이 억지로 할 때가 몸도 마음도 훨씬 피곤하지요. 억지로 무엇인가를 하고 있는 사람 옆에 있으면 주위 사람들도 불쾌한 기분에 전염됩니다.

그리고 '싫다, 싫어', '힘들다, 힘들어'라고 생각하면서 억지로 뭔가를 하려고 할수록 노력하는 힘이 필요합니다.

예를 들어 노인을 모시는 문제가 그렇습니다. 고령화 사회가 가속화되면서 앞으로 많은 가정에서 이 문제를 마주하게 될 것입니다. 연로하신 부모를 모시는 일은 회사 일과는 달리 24시간을 함께 보내지 않으면 안 됩니다. 피할 수 없는 이런 일을 힘들고 괴롭다고 생각하면 마음이 아주 답답해질 테지요.

그렇다면 어떻게 해야 할까요?

한 여성은 괴롭게만 생각하던 어머니 수발을 즐거움으로 바꿔줄 도구를 우연치 않은 기회에 발견하게 되었습니다. 그 도구는 바로 사진이었습니다. 하루는 어머니 수발을 들던 중 기분 전환을 위해 카메라를 들고 셔터를 눌러봤습니다. 그러자 그때부터 그녀에게 긍정적인 변화가 일어나기 시작했습니다.

평소에 눈에 띄던 것은 늙은 어머니의 치매 모습뿐이었습니다. 하지만 사진으로 순간을 포착해보니 생각지도 못한 사실을 발견할 수 있었습니다. 사진 속에 평소에는 느끼지 못했던 평온하고 단아한 표정의 어머니가 찍혀 있었습니다.

그 후 "좀 더 멋진 표정을 찍어볼까?" 하고 종종 사진을 찍게 되었고, 주위 사람들로부터 좋은 사진이라는 평가를 받기까지 하니 수발드는 일에도 활력이 생겼습니다. 덕분에 숨 막히던 집 안 분위기도 점차 편안해졌습니다.

또 다른 여성은 컴퓨터라는 도구를 이용하여 부모님 수발을 객관적으로 관찰해보았습니다. 부모님을 자신의 집에서 모시고 있던 그 여성은 부모님을 위해 직장을 그만두고 집과 슈퍼마켓만을 오가는 나날을 보내야 했습니다. 부모님을 모셔야 하는 가정에서는 집과 병원 중심의 생활을 할 수밖에 없기 때문에 시간적으로도 많은 구속을 받지요.

도와주는 사람이 없으면 스트레스를 발산하고 싶어도 그럴 만한 시간을 좀처럼 확보하지 못합니다. 그녀도 혼자서 부모님의 수발을 들어야 했기에 매일 끝이 보이지 않는 일과 마주해야 했고, 그래서 스트레스가 쌓여만 갔다고 합니다. 그런데 이때 한 줄기 빛이 되어준 것이 한 대의 컴퓨터였습니다.

심심풀이로 들여놓은 컴퓨터였는데 사용하면서 재미를 느끼게 됐고 결국에는 부모님 수발 경험을 담은 홈페이지도 만들게 되었습니다. 그곳에 일기나 수발 노하우 등을 다양하게 소개하자 자연스레 다른 사람들과의 대화가 가능해졌습니다. 같은 문제로 고민하는 사람들과 의견이나 정보를 교환했고, 24시간 내내 수발드는 생활도 그렇게 나쁘지만은 않은 생활이라고까지 생각하게 된 것이지요.

이처럼 생활에서 매개체를 찾아서 객관적으로 지금의 생활, 지금의 자기 모습을 바라보면 자칫 우울해지기 쉬운 일상에 변화를 줄 수 있습니다. 피할 수 없는 일상에서 즐거움, 보람, 기쁨, 행복감을 발견하는 것입니다.

부모님 수발도 완벽함을 목표로 노력하면 숨 막히는 일이 됩니다. 그러면 수발을 받는 사람도 힘들어집니다. 오히려 적당한 선에서 만족하고 자신만이 경험하는 일을 마음껏 즐기자고 마음을 다잡으면 의미 있는 시간으로 바뀔 수 있습니다.

부모님 수발만이 아니라 평범한 일상, 피할 수 없는 일상에 염증을 느끼는 순간일수록 이런 마음의 전환이 필요합니다. 그 방향 전환에 계기가 되어줄 도구가 지금 당신 가까이에도 있을지 모릅니다.

# 20퍼센트라는
# 자유를 만들자

"맞아요. 나는 언제나 좋은 점수를 받아서 부모님이나 선생님을 기쁘게 해줄 일만 생각하고 있었어요."

100점을 지향하는 사람들에게서는 대부분 이런 대답이 돌아옵니다. 완벽을 목표로 하는 습관은 역시 어렸을 때부터 다져온 습관들이 토대를 이룹니다. 100점을 받으면 주위의 평가가 높아지니 열심히 공부하고, 또 칭찬을 받을 수 있으니 계속 공부합니다. 이런 습관이 몸에 배어버리면 "꼭 100점을 받지 않아도 돼"라는 말을 들

었을 때 오히려 목표를 잃고 혼란스러워지지요.

"당신의 창의력에 맡기겠으니 자유롭게 답을 써주세요."

지금까지는 정해진 답을 암기해서 답안지를 메워가는 훈련만 해왔으니 이런 말을 들으면 어떻게 해야 할지 몰라 혼란스러운 것은 어쩌면 당연한 일이겠지요.

100점을 받기 위한 노력을 끊임없이 해온 사람은 여유에 적응하지 못합니다. 그렇기 때문에 이제 100점이라는 목표를 벗어나려 해도 '그럼 어떻게 해야 하지?'라며 방황합니다.

정년퇴직한 아버지들이 여가 시간을 잘 활용하지 못하고 고독을 느끼는 일은 흔합니다. 역시 완벽을 추구하는 성실한 사람들일수록 여가 시간이 생기면 당황하는 정도가 큽니다. 여가 시간을 어떻게 보내야 할지 갈피를 못 잡는 것입니다.

"쉬어도 좋습니다"라는 말을 들으면 뭘 해야 할지 몰라 불안해합니다. "좀 더 노세요"라는 말을 들어도 어떻게 놀아야 할지 모릅니다. 100퍼센트 바쁘게 전력 질주하는 습관이 완전히 몸에 배었다는 느낌입니다.

그렇다면 어떻게 해야 이 100퍼센트 전력 질주하는 습관에서 벗어날까요?

100퍼센트와 멀어지는 것은 관점을 바꿔 말하면 창의력을 몸에 스미게 한다는 말이기도 합니다. 예를 들어 지금까지 100퍼센트 전력투구하며 업무나 집안일에 열중했다고 합시다. 그런데 그것을 80퍼센트로 바꿨을 경우, 시간상으로 생각하면 20퍼센트의 자유 시간을 갖게 됩니다. 이 20퍼센트를 만들어내는 것은 당신 자신입니다.

'내가 좋아하는 일은 뭐지?', '직업 말고 지금 내가 하고 싶은 일은 뭐지?'라고 자문해보고 공백 시간을 자유롭게 메우는 훈련을 해보세요. 운동, 독서, 영화, 여행 등 어떤 일이든 좋아하는 일을 가장 먼저 하도록 하세요. 여유 시간이 아깝다는 생각이 든다면 '100퍼센트주의'를 아직 완전하게 버리지 못했다는 증거입니다.

여유 시간을 어떻게 즐길 것인지를 생각하는 일은 업무에도 활력을 줍니다. 여유 시간을 소중하게 보내는 사람들은 모두 활기가 넘칩니다. 좋아하는 일을 통해 어깨 힘을 빼고 있으니까요.

# 여유를 느끼기 위한
# 감성지수

IQ(intelligence quotient, 지능지수)가 높다고 해서 반드시 성공하는 것은 아니며 훌륭한 인간성을 지녔다고 말할 수도 없습니다. 오히려 중요한 것은 그 사람의 인격이나 윤리관 등으로, 그 지표가 되는 것이 EQ(emotional quotient, 감성지수)입니다. EQ 중에서 제가 주목하는 점은 다음과 같습니다.

· 자신의 기분을 파악하고 스스로도 이해할 만한 결단을 내리는 능력

· 충동을 제어하는 능력

· 좌절했을 때라도 낙관적인 생각을 버리지 않고 자기 자신을 격려하
  는 능력

· 타인의 마음을 배려할 줄 아는 능력

· 좋은 인간관계를 유지하는 능력


예전에는 EQ를 높이는 교육을 등한시했습니다. 정해진 답을 암기해서 답안지를 메우는 훈련은 해도 마음을 기르는 훈련은 하지 않았지요. 하지만 여유를 즐기기 위해 절대로 필요한 것이 EQ입니다.

저는 정기적으로 선상 여행을 떠나는데 승객들을 관찰해보면 장시간의 여행에 적합한 사람이 EQ가 높다는 사실을 알게 되었습니다.

예를 들어 쾌적한 선상 여행을 즐기려면 항상 납득할 만한 결단이 필요합니다. 아침에 일어나자마자 바로 아침 기온에 적당한 옷을 입어야 하고, 그날의 몸 상태에 따라 아침을 먹을 것인지 말 것인지, 육지로 내려가 관광을 할 것인지 말 것인지 결단을 내릴 필요가 있거든요.

'오늘은 좀 추우니까 두꺼운 옷을 입어야겠다.'

'오늘은 속이 편하지 않으니까 아침은 간단하게 먹자.'

작은 일에도 납득할 만한 이런 식의 결단을 내리지 못하면 하루를 쾌적하게 즐길 수 없습니다. 몸이 좋지 않은데도 다른 사람들을 따라 억지로 식사를 한다면 오랜 시간이 지나도 불쾌감을 느낍니다. 그리고 당연한 말이지만 다른 사람을 배려하는 마음이 없으면 다른 승객들과도 친하게 지낼 수 없고 단체 여행도 마찬가지입니다.

선상 여행에 참가하는 이들은 대부분 그 여행에 적합한 사람들이지만 가끔은 그렇지 않은 사람들도 있습니다. 그들의 특징은 성질이 급하고 화를 잘 내거나 충동적이며, 완벽주의 성향으로 사소한 일에 집착한다는 점을 들 수 있습니다.

역시 지나치게 완벽을 추구하는 사람들은 불평불만이 많고, 작은 실수에도 열등감을 느끼는 등 여행을 만끽하기 힘든 면이 있습니다. 틈만 나면 "재미없다", "맛없다", "싫다"라며 불평하지요.

한편 다른 사람에게 의존하는 성향이 강한 사람도 있습니다. 어디가 재미있고, 무엇이 맛있고, 선물로는 이게 좋다는 식으로 누군가가 옆에서 신경을 써주지 않으면 움직이지 않는 사람이지요. 혹시 당신 주위에도 이런 사람이 있지 않나요?

어렸을 때부터 타인의 지시로 움직여온 사람이 이렇게 되기 쉽겠지요. 이들은 여행지에서도 자신의 의지대로 행동하지 못하고 다른 사람에게 의존하는 여행을 하곤 합니다. 결국 혼자서는 여유 시간도 즐길 수 없을 것입니다.

EQ를 높이면 의식적으로 자기 자신을 향상시킬 수 있습니다. 그렇게 되면 틀림없이 100퍼센트주의에서 벗어나 진정한 여유를 즐길 수 있게 되지요.

# 4장

# 웃고 싶을 땐 웃고,
# 울고 싶을 땐 마음껏 울기

# 남의 속도에
# 맞춰 사는 것도 습관이다

자신의 속도를 지킬 줄 아는 사람은 타인의 시선이나 속도 때문에 고민하지 않습니다. 이 다름이 확연히 드러나는 것이 휴일에 대한 생각입니다.

휴가는 적게, 야근은 많이. 이것이 열심히 일하는 사람들의 특징입니다. 참으로 열심이지요. 그 반작용으로 좀 더 쉬고 싶다고 생각하는 사람도 많은데, 쉬고 싶은 마음이 들어도 쉬지 못하는 게 이들의 현실입니다. 성실한 사람일수록 쉬는 일에 소극적입니다. 다른 사람은 일하는데 자기만 쉬기 미안하다는 식으로 의리를 중시하기도 하고요.

성실하게 노력하는 사람은 언제나 '다른 사람의 속도에 맞추자'라고 생각하기 때문에 휴가를 제대로 쓰지 못합니다. 그래서 '가끔은 휴가를 잡아서 한가로운 시간을 보내고 싶다', '아무 생각 없이 일에서 도망치고 싶다'라는 소망을 키우기만 하지요.

세계를 둘러보면 유럽 사람들이 휴가를 정말 잘 즐깁니다. 쉴 때는 철저히 확실하게 쉽니다. 휴가 일수도 아시아권 나라와 비교하면 월등히 많고 야근은 적습니다.

이탈리아 사람들을 보면 휴가의 절정기인 8월에는 대부분의 기업들이 2~3주간 휴가를 주기 때문에 수천만 명의 이탈리아 사람들이 해변으로 쏟아져 나옵니다. 대부분의 가게들도 문을 닫고, 일터였던 거리는 유령도시 같은 풍경으로 변해버립니다. 그들에게 일은 언제까지나 자유로운 생활을 즐기기 위한 수단으로, 한도를 넘어서 일한다는 것은 있을 수 없습니다.

상점의 영업시간은 월요일부터 토요일 오전 9시부터 오후 12시 반, 오후 3시 반부터 오후 7시까지가 일반적입니다. 오후 영업이 3시 반부터 시작되는 것을 두고 굉장히 늦게 시작한다고 생각할 수 있지만 여기엔 타당한 이유가 있습니다. 그들은 점심 식사 후 일을 시작하기 전에 낮잠을 자는 습관이 있기 때문입니다.

'시에스타'라고 불리는 낮잠은 전통적인 것으로, 상인들에게 주로 그런 특권이 있습니다. '그렇게 오랜 시간 쉬면 손님이 불편하잖아'라고 생각할지 모르지만, 쉬어야 할 때 쉬는 것이기에 그들에겐 아무런 문제가 없습니다.

지금 당장 우리가 이탈리아 사람들을 따라 내일부터 낮잠을 자고 장기간 휴가를 잡기란 무리입니다. 하지만 그 사고방식을 배우는 것은 가능합니다.

'쉬어야 할 땐 쉬자.'

'다른 사람들이 일하고 있을 때 쉬어도 상관없다.'

이렇게 생각한다면 더 이상 쉰다는 사실에 초조함을 느끼지 않아도 되고, 짧은 시간 동안이라도 휴가를 마음껏 즐길 수 있을 것입니다.

늘 다른 사람들이 사는 속도에 맞출 필요는 없습니다. 쉴 때는 자신의 속도를 가장 우선시해도 상관없습니다. 생각을 조금만 바꾸면 더 이상 남들이 일할 때 쉬는 것에 대해 부정적으로 느끼지 않아도 됩니다.

무의식중에 몸에 배어 있는, 다른 사람의 속도에 맞추는 습관을 이제 의식적으로 제거해보세요. 그것이 인생을 자유롭게 즐기는 비결이니까요.

# 오랜만의 휴가는
# 기분 좋은 날로

과도한 업무량, 제멋대로인 상사와 동료들 때문에 이런저런 고민이 쌓여 당분간 회사를 쉬고 싶어졌다고 해봅시다.

'그렇다면 다른 생각은 무시하고 푹 쉬세요.'

이렇게 조언하고 싶지만 한창 고민이 쌓였을 때 쉰다는 것은 '적절하지 않은' 선택입니다. 그도 그럴 것이 그런 마음 상태에서는 쉰다고 해도 머릿속 고민을 완전히 떨쳐버릴 수 없기 때문입니다. 괴로워서 쉰다는 부정적인 생각 때문에 휴가마저 진정으로 즐기거나

편안하게 쉴 수 없을 테니까요.

물론 쉬면 피로는 다소 줄겠지만 그다지 쾌적한 휴일은 되지 않을 것입니다. 여기서 한 가지 제안을 하겠습니다. 기분이 우울한 날을 피해 기분이 좋은 날로 휴가를 한번 잡아보세요.

'오늘은 아침부터 날씨도 좋고 기분도 상쾌하네.'

'일을 마무리했으니 마음 편하게 휴가를 갈 수 있겠다.'

'평소보다 몸이 가벼운걸.'

이럴 때 작정하고 하루를 쉬는 것입니다. 일정표도 없애고 핸드폰도 끄고 말이지요. 일에 대한 생각은 머릿속 한구석으로 밀어내고 평소에 마음에 두었던 곳으로 가서 시간에 구애받지 않고 좋아하는 책을 읽거나 영화를 보는 등 자유 시간을 마음껏 즐겨보는 것입니다. 당일치기 여행을 해보는 것도 즐겁겠군요.

어쨌든 회사의 공기와는 다른 공기를 마시러 나가보세요. 가사나 육아에 바쁜 사람도 가족의 도움으로 가끔은 자신에게 포상 휴가를 선물하세요. 언제나 바쁘게 움직이던 시간 대신 천천히 흘러가는 시간 속으로 몸을 던져보면 틀림없이 상당한 쾌감을 맛볼 것입니다. 그리고 다음 날에는 그 시간으로 얻은 여유로운 기분을 다른 사람들에게 나눠주는 겁니다.

# 운이 없다는 생각이 들 땐
# 그냥 웃고 넘기자

어떤 이유인지는 모르겠지만 나쁜 일, 싫은 일은 연속해서 일어나곤 합니다. "두 번 일어난 일이 세 번도 일어난다"라는 말이 있는데 네 번, 다섯 번 일어나는 경우도 있지요.

예를 들어 가전제품 하나가 고장 났는데 다른 가전제품도 차례로 고장 나서 난감했던 적이 있나요? 이 정도의 일은 나쁜 일이라고 할 수 없을 정도로 경미하지만, 그래도 계속된다면 아무래도 기분이 좋을 리 없습니다.

어떤 사람이 어느 날 갑자기 계속되는 고장의 습격을 받았습니다. 추운 아침, 평소처럼 일어나 난방기 스위치를 눌렀는데 난방기가 꼼짝도 하지 않는 겁니다.

'지난주엔 TV를 수리했는데.'

불길한 예감 속에서 바로 난방기 수리를 요청했습니다. 수리 담당자가 바로 달려와주었지만 부품을 교환해야 해서 며칠간은 난방기 없는 생활을 해야 했지요. 서둘러 아는 사람에게 전기난로를 빌렸습니다. 하지만 그다지 따뜻하지 않아 그만 감기에 걸려버렸습니다. 그 때문에 이틀 정도 누워 있게 되어 기대하던 온천 여행도 포기할 수밖에 없었다는군요.

사소한 일이라도 한꺼번에 닥치면 운이 없다고, 좋은 일이라곤 하나도 없다며 스스로 상당히 불행하다고 생각하며 모든 일을 나쁜 쪽으로 생각하기 쉽습니다. 그런데 이 사람을 구해준 이는 더 큰 불행에 휩싸여 있던 그의 친구였습니다.

들리는 말에 의하면 그 친구에게는 단 며칠 사이에 자동차 수리 두 번, 기르던 고양이의 입원 두 차례, 의치 손상, TV 고장, 핸드폰 분실 등 작은 불행들이 연속해서 일어났다고 합니다. 친구의 작은 불행 이야기를 듣다 보니 문득 그는 자신에게 일어난 불행이 우습다는 생각이 들었습니다. 그러면서 조금 전까지 불행하던 기분은 멀리 사라져버렸다고 합니다.

자신을 객관적으로 바라보고 한바탕 웃어넘기는 것이 가장 손쉬운 불행 퇴치 작전입니다. 불행한 일이 연속해서 일어날수록 가볍게 "나 참, 나처럼 운 없는 사람도 없을 거야"라고 웃어넘겨보세요.

# 웃음이 나온다면
# **상처는 치유된 것**

누구의 삶이나 마찬가지지만 상승기류를 탈 때가 있으면 하강기류를 탈 때도 있습니다. 인생이란 물결의 반복이라고 해도 과언이 아니지요. 커다란 물결이 반복되는 사람, 작은 물결이 반복되는 사람, 큰 물결과 작은 물결이 번갈아 반복되는 사람. 사람에 따라 찾아오는 물결의 크기도 다르고 하강기류가 좀처럼 그치지 않을 때도 있습니다.

세심하게 살펴보면 일주일 단위로, 혹은 하루 동안에도 그런 물결은 있을 수 있습니다. 하지만 안타깝게도 하강기류를 100퍼센트 피하는 일은 있을 수 없지요.

그렇다면 불행한 때일수록 웃음이라는 치료약을 활용해보세요. 나 자신을 객관적으로 바라보고 재미있는 부분에서는 마음껏 웃어보는 것입니다.

작은 물결에 휩싸여 "살려줘!" 하고 사지를 버둥거리는 나, 미간에 주름을 잡고서 한숨만 쉬고 있는 나, 언제나 뭔가에 쫓겨 여기저기 뛰어다니는 나의 모습을 한발 물러서서 바라본다면 어떻게 보일까요? 우스워서 자신도 모르게 웃음을 터뜨릴지 모릅니다. 그렇다면 웃어버리는 편이 아옹다옹 사는 나 자신을 위해서도 도움이 될 것입니다. 스스로 파도를 넘어설 수 있는 방법이 될 테고요.

인간관계로 인해 우울할 때도 일부러 한발 뒤로 물러서서 스스로를 관찰해보세요.

'A는 언제나 남의 속을 긁는 말만 한다.'

'어째서 B는 내 험담만 하는 거지?'

이렇게 화를 내거나 한탄하고 있는 자신의 모습을 객관적으로 바라보면 '내가 별것 아닌 문제로 신경질을 부렸구나'라는 사실을 깨닫게 될 것입니다.

스스로 이렇게 웃어넘길 수 있다면 그건 바로 마음의 상처가 거의 치유되었다는 의미입니다. 관점을 바꾸는 것만으로도 신경질이 웃음으로 바뀔 수 있으니 당신도 꼭 그렇게 해보세요.

# 고민 있는 사람이
# 고민 있는 사람을 돕는다

지금 거센 하강기류의 물결에 휩싸인 지경인데 비슷한 상황에 처한 누군가가 가까이에 있으면 그것만으로도 도움이 됩니다.

'어째서 내 주위에서만 이런 일들이 일어나는 거야?'

'왜 내게만 이런 일이 닥치는 거지?'

이렇게 기분이 최악일 때 "저도 그래요"라고 누군가가 손을 들어준다면 그 한마디로 마음이 조금은 누그러집니다.

"제 친구도 그래요."

이런 말 또한 효과가 있습니다. 어쨌든 동지가 있다는 사실을 알면 마음은 편안해집니다. 불행할 때의 내 편은 불행한 친구입니다.

불행할 때는 형편이 나은 친구에게 힘을 얻는 것도 한 방법이겠지만, 마음속에서 '누군가 내 이야기를 들어주면 좋겠다', '이런 기분을 함께 나누고 싶다'라는 생각이 들 때는 같은 파장을 겪은 친구가 도움이 됩니다. 서로 "네 기분도 이해할 수 있어", "너도 열심히 했는데……"라는 말을 주고받으면 어깨의 짐을 덜 수 있으니까요. 그런 후에 서로의 불행을 웃어넘길 수 있다면 가장 이상적인 방법이 될 것입니다. 지금까지 우울했던 마음이 거짓말처럼 맑아질 것입니다.

'이제 더 이상 버틸 수가 없어. 아무하고도 만나고 싶지 않아.'

이런 생각으로 마음 상태가 더욱 나빠졌을 때도 마찬가지입니다. 즉 아무하고도 만나고 싶지 않다는 마음을 가진 사람이나 과거에 그런 마음을 가져본 적 있는 경험자를 만나야 합니다.

본격적으로 우울증 상태에 빠져버리면 그런 사람들은 대부분이 자신의 병명에 충격을 받아서 '사람들에게 알리고 싶지 않다', '이런 모습은 보이고 싶지 않다', '나는 이 사회와 어울리지 않는 사람이다'라고 생각하기 쉽습니다. 완벽주의자일수록 지금의 자신을 책망하며 숨고 싶어 하니까요.

하지만 지금은 우울증에 걸리는 사람이 드문 시대가 아닙니다. 우울증이 아니더라도 과다한 스트레스로 고민하고 있는 사람들은 얼마든지 있습니다. 신뢰할 수 있는 누군가에게 마음먹고 지금 내 마음이 감기에 걸려 있다는 사실을 털어놓으면 의외로 "나도 그런 적이 있었어. 내가 경험자이지" 또는 "내가 아는 사람 중에도 그런 사람이 있어"라는 대답이 돌아올 가능성이 높습니다.

한 사람에게라도 좋으니 지금의 심경을 말하면서 '그래, 나만 그런 게 아니었어', '우울증에 걸린 사람이 주위에도 많구나'라는 사실을 깨닫는 것이 마음을 다스리는 첫걸음입니다. '아, 그렇군' 하고 생각하면 틀림없이 마음이 편안해질 것입니다. 이제 더 이상 뾰족하게 날이 선 기분을 흩뿌리고 다니지 않아도 될 것입니다. 자연스럽게 자신의 속도로 걸어 나가는 당신이 거기에 있을 테니까요.

# 단조로운 일상에
# 싫증이 난다면

일상에서는 같은 일들이 반복됩니다. 거의 매일 같은 시간에 일어나 세수를 하고, 비슷한 아침식사를 하고, 회사원이라면 평소와 같은 길을 걸어서 회사로 갑니다. 어제와 완전히 똑같은 오늘이란 존재하지 않지만, 어제와 완전히 다른 오늘 또한 존재하지 않지요.

매일 여행을 하고 있다면 얘기는 달라지겠지만, 사회라는 조직 안에서 하나의 역할을 맡아 살아가고 있는 이상 그렇게 쉽게 여행을 떠날 수도 없습니다. 그렇기 때문에 문득 '매일 똑같은 일을 반복하며 살아도 아무렇지 않단 말이야?'라든지 '좀 더 다른 삶을 선택할 수 있지 않았을까?'라는 의문이 들 때가 있습니다.

　일상이 지루하면 무슨 일을 하든지 재미가 없어집니다. 하지만 단조로운 일상에 작은 변화를 가져다줄 재료는 주위에 얼마든지 널려 있습니다. 손쉬운 방법을 하나 말하자면 평소와는 다른 길을 걸어보는 것이지요.

　출퇴근길이나 등하굣길, 장보러 가는 길에서 우리는 매일 똑같은 길로만 다닙니다. 그것도 최단거리나 걷기 쉬운 길만 선택해서 다닙니다. 하지만 다른 선택지는 얼마든지 있습니다. 지하철역까지 가는 길에도 직선 코스가 있는가 하면, 우회해서 가는 길도 있고, 큰길을 따라 나 있는 길도 있고, 뒷길도 있습니다. 도로를 끼고도 양쪽으로 길이 나 있습니다.

　가끔 평소와 다른 길을 걷다 보면 집 근처에서도 그동안 몰랐던 풍경을 발견하기도 합니다. 굳이 여행을 떠나지 않아도 미지의 세계가 당신 곁에 펼쳐지는 것이지요. 다른 길을 걸으며 '상당히 멋진 건물이네', '이런 가게가 있었군', '정원 참 예쁘다', '무슨 꽃이지?'라는 식으로 발견해나간다면 단조로운 일상에 변화가 생길 것입니다. 늘 걷던 큰 도로에서 벗어나 뒤쪽으로 난 길을 탐험하면 재활용품

점이나 꽃가게, 자연식품 가게 등 생활과 밀접하게 관련 있고 그 지역에서만 볼 수 있는 가게를 만나기도 합니다.

같은 길이라도 자전거를 타고 지날 때와 걸어서 지날 때 인상이 다릅니다. 시선의 높이나 속도를 조금만 바꿔도 세상이 변합니다. 또 조금 이른 시간에 집을 나와서 지하철역 쪽으로 걸어보세요. 그 거리만큼 미지의 세계를 체험할 수 있습니다.

길 말고도 사물 역시 평소와 다른 각도로 바라보면 사고가 유연해지는 훈련이 됩니다. 완벽주의자일수록 꼭 그것이어야만 한다는 생각이 강해서 다른 각도에서 사물을 바라보거나 생각하는 일이 서툽니다. A가 좋다고 생각하면 끝까지 A이어야 해서 B나 C는 눈에 들어오지도 않습니다. 시야에 넣으려고 노력하지도 않지요. 따라서 A라는 틀에 맞지 않으면 스트레스를 받게 됩니다.

'B는 왜 매일 지각을 하는 거지?'

'C는 왜 간단한 일을 가지고 질질 끄는 거야?'

이런 생각으로 B, C를 받아들이지 못하고 불만을 품게 됩니다.

하지만 '이것도 있고 저것도 있다', '특별히 그게 아니더라도 괜찮다'라고 생각한다면 웬만한 일로는 스트레스를 받지 않을 수 있습니다. 지금까지 용납할 수 없었던 일들도 관대하게 받아들일 수 있게 됩니다.

자신의 일만 생각하지 않고, 다른 사람들의 방법과 가치관도 받아들일 수 있게 된다면 스스로도 훨씬 편안해질 것입니다. 우선 일상에 작은 혁명을 일으키는 일부터 시작해볼까요?

# 좌절에 대한
# 면역력이 있는가

아무리 주도면밀하게 인생을 설계하더라도 꼭 그대로 되지 않는 것이 인생입니다.

'그때 그 회사를 선택했더라면.'

'그 사람과 결혼했더라면.'

되돌아보면 '왜', '만약'이라는 생각만 커져갈 뿐이지요. 하지만 인생에서 그다지 운이 없는 순간일지라도 생각을 바꿔보면 그것을 긍정적 요인으로 전환할 수 있습니다.

예를 들어 '왜' 혹은 '만약'을 '역시'로 바꾸는 것입니다. '역시 인생이란 그렇게 간단한 게 아니야'라고 여긴다면 '자, 그럼 이제부터 어떻게 해야 하지?'라며 뒤를 향해 있던 시선을 앞쪽으로 돌릴 수 있게 됩니다.

그리고 좌절이나 실패를 모두 경험이라고 생각하는 겁니다. 사람은 경험을 통해 많은 것을 배우고 인간성을 함양할 수 있으니까요. 즉 좌절의 경험도 삶의 폭을 넓힐 기회로 작용합니다.

좌절을 겪지 않은 인생을 한번 생각해보세요. 유명 대학에 단번에 합격하고, 그 후에는 일류 기업에 별 어려움 없이 취직하는 등 엘리트 코스를 밟은, 혹은 그런 사람을 반려자로 얻어 안정된 생활을 보장받았다면요. 하지만 그런 사람들은 좌절에 대한 면역력이 없기 때문에 조그만 어려움에도 커다란 타격을 받기 쉽습니다. 실제로 엘리트일수록 한 번 좌절을 겪었을 때 자살이라는 최악의 선택을 하는 경우가 많으니까요.

반대로 좌절을 많이 경험한 사람은 타격을 받을수록 강해지고 다른 사람의 아픔을 더욱 잘 이해할 수 있습니다. 이렇게 생각하면 운이 나쁜 시기도 귀중한 시간이라는 사실을 느낄 수 있겠지요.

경기가 좋지 않을 때일수록, 경쟁이 심할 때일수록 좌절에 면역력이 있는 사람들이 힘을 발휘하지 않을까요? 돈에 관해 말하자면, 없으면 없는 대로 어떻게든 변통해나가는 것도 관점에 따라서는 하나의 즐거움이 될 수 있습니다.

저는 지금까지 돈이 없는 경우를 여러 번 경험했기 때문에 잘 알고 있습니다. 위기를 어떻게 뛰어넘을 것인가 하는 고민은 스릴이 있다면 있는 것이고, 즐겁다고 생각하면 즐거운 것입니다. 그리고 한 번 스릴을 경험하면 다음에 비슷한 일을 당해도 극복할 지혜가 생겨납니다. '그때는 이렇게 해서 실패했으니까 이번에는 이렇게 해보자', '이렇게 하면 같은 실패는 되풀이하지 않겠지'라는 식으로 유연하게 대처하는 것이지요. 즉 마음의 면역력이 강화되는 것입니다.

'저축해둔 돈도 거의 다 떨어졌네. 이제 어떻게 하지?'

'회사에 계속 있을 수 있다는 보장이 없어. 어떻게 하지?'

혹시 당신의 인생도 '어떻게 하지?'의 연속이 아닌가요? 하지만 곤란함을 뛰어넘을 때의 스릴은 아무런 불안감도 없는 상태에서는 얻을 수 없습니다. 그러니 인생은 적당한 불안이 있을 때 즐거워지는 것입니다.

# 충고도 웃어넘길 수 있는
# 여유

누군가에게 비판을 받으면 아주 기분 나빠 하는 사람이 있습니다. H는 지금까지 친하게 지내고 있던 사람들과 차례로 인연을 끊기로 사내에서도 유명한 사람이었습니다. 상대방이 자신에 대해 뭔가를 안 좋게 말하면 그 일을 계기로 관계를 딱 끊어버렸습니다. 친구들의 비판은 누가 보더라도 절교할 만큼 대단한 것도 아니었는데 말이지요.

"C에게 핸드폰 사용에 대해 주의를 받았다."

"D에게 성격상의 문제를 잠깐 지적받았다."

이 정도의 일로 "어이없어. 더 이상 쟤네들과는 상대하고 싶지 않아"라는 말을 하니 이런 말을 들은 C와 D는 그저 놀랄 따름입니다.

정치인이나 다른 유명인사 중에도 비판을 받으면 곧바로 화를 내는 사람이 있습니다. 잘 보이고 싶다는 마음 때문입니다. 또 자신의 정체가 전부 드러날까 봐 두려워하는 마음이 표출된 것이기도 합니다. 그렇기 때문에 자신을 원하는 대로 봐주지 않으면 화를 내거나 앙심을 품게 되지요.

하지만 입으로는 "언제나 완벽한 나를 봐주세요"라고 말한다 해도 상대방의 눈에 비치는 모습을 속일 수는 없습니다. A를 O로 생각하라고 해봐야 그럴 수 없는 것처럼 무리한 주문이지요.

잘 보이고 싶다는 소망이 지나칠 정도로 강하면 사람들에게 비판을 받을 때마다 원수로 삼아야 하고 몇 번이고 절교를 해야만 합니다. 결과적으로 인간관계가 좁아집니다. 여기서 필요한 것이 80퍼센트 사고입니다. 만약 "나는 100퍼센트 완벽한 인간이 아닙니다. 80퍼센트밖에 안 되는 나를 봐주세요"라고 당당하게 부족한 부분을 호소한다면 마음이 편안할 것입니다.

다른 사람에게 어떤 점을 비판받았을 때, 자신도 이미 아는 사실이라면 "맞아. 내가 원래 좀 그런 면이 있지"라고 받아들여보세요. 그러면 그 단점은 서로 함께 웃을 수 있는 사안이 됩니다. 그 시점에서 마음속에 품고 있어야 할 일은 자연히 없어지는 것이지요.

자신의 단점을 있는 그대로 인정하는 용기만 있다면 매일을 기분 좋게 보낼 수 있을 것입니다. 오히려 자신의 단점을 스스로 말하면서 웃어넘기면 다른 사람들도 당신에게 친근감을 느끼게 될 것입니다.

악의 없는 험담을 듣고 마음에 둔다면 그건 시간 낭비입니다. 정신적으로 스트레스를 받으면 몸에도 안 좋잖아요.

# 울고 싶을 때는
# 마음껏 울어버리자

울음은 아기들에게 유일한 의사소통 수단입니다. '배가 고프다', '아프다', '피곤하다', '좀 더 관심이 필요하다' 등 갖가지 생각을 여러 가지 울음소리로 표현합니다. 울지 않으면 불쾌함을 제거할 수도 없고, 요구에 대한 반응을 얻어낼 수도 없기 때문에 본능적으로 우는 것입니다. 아기들을 보고 있으면 우는 것이 인간에게 아주 중요한 감정 표현임을 알게 됩니다.

아기들은 참을 줄 모르기 때문에 부모가 아무리 바쁠 때라도,

한밤중일지라도 울고 싶을 때는 사정없이 울어댑니다. 하지만 사람은 성장해가면서 점점 울지 않게 되지요. 말을 배우고, 울음이 아닌 다른 표현 방법을 배우고, 인내하는 법도 익힙니다.

'사람들 앞에서 우는 건 창피한 일이다.'

'남들에게 우는 모습은 보이고 싶지 않다.'

이런 생각 때문에 눈물을 참고 감정을 자제합니다.

슬픔의 눈물, 분노의 눈물, 감동의 눈물, 기쁨의 눈물 등 눈물에도 여러 종류가 있지만 어떤 것이든 치밀어 오르는 눈물을 참으면 건강에 해롭습니다. 넘쳐나는 감정에 뚜껑을 덮어버리는 것이기 때문에 감정의 여운이 어정쩡하게 남아버리지요.

반대로 마음껏 울었을 때의 느낌을 떠올려보세요. 영화나 책, TV 다큐멘터리를 보고 감동받아서 갑자기 눈물이 줄줄 흘렀을 때를 말이지요. 눈물을 쏟은 후 기분이 어땠나요? 마음껏 눈물을 흘린 뒤에 쌓여 있던 감정을 한꺼번에 쏟아놓은 것처럼 상쾌한 기분이 들지 않았나요?

마음껏 울고 난 뒤의 느낌은 마음껏 웃고 난 뒤의 느낌과도 닮아 있습니다. 진심으로 "아하하!"라고 웃고 나면 회사나 집에서 좋지 않은 일이 있었다 해도 단번에 근심과 걱정이 사라지게 됩니다.

마음속 응어리가 단번에 풀리지요. 그런데 이상하게도 마음껏 울고 난 다음에도 이와 같은 변화가 일어납니다. 우는 행위를 통해 우리는 자연스럽게 스트레스를 발산하고 심신의 균형을 유지하는 것입니다.

희로애락은 인간의 원시적인 감정입니다. 억누르기만 한다면 체내 감정의 응어리가 점점 커져서 자신도 모르는 사이에 스트레스가 쌓입니다. 회사에서 울고 싶을 만큼 분한 일이 있었다면 마음껏 울 수 있는 영화를 보며 눈물을 흘려보세요. 다른 건 생각하지 말고 마음껏 울어버리면 분한 마음이 상당 부분 풀릴 테니까요.

# 감정은 그대로
# **흘려버리는 게 좋다**

울음과 웃음은 언뜻 보기에는 정반대의 감정 표현처럼 보이지만 실은 하나의 선으로 묶을 수 있습니다.

먼저 웃음에는 몇 가지 등급이 있습니다. 쓴웃음은 감정이라는 계기의 바늘이 조금밖에 움직이지 않지만, 웃음의 등급이 점점 올라가 배가 아플 정도의 웃음이 되면 계기의 바늘이 부러질 정도가 되어버립니다. "아하하하"라며 배를 움켜잡고 웃을 때면 어느새 당신 눈에 눈물이 고이지 않나요?

눈물이라는 것은 슬픔의 상징입니다. 하지만 웃음도 극에 달하면 눈물이 나옵니다.

영화를 볼 때는 웃음과 울음을 반복하며 끊임없이 눈물을 흘립니다. 이해하기 힘든 현상이지만 웃음과 울음이라는 두 행위는 동전의 양면과 같은 관계라고 생각하면 이해하기 쉬울 것입니다. 그리고 웃음의 끝에는 눈물이 있고요.

결국 인간의 가장 원시적인 감정은 하나의 선으로 연결되어 있습니다. 그렇기 때문에 마음껏 웃거나 울거나 해서 감정을 밖으로 표출하면 똑같이 상쾌함을 얻을 수 있습니다.

한때 책이나 잡지의 제목으로 "피를 맑게"라는 표현이 자주 사용되곤 했습니다. 더러운 피가 몸속에 흐르면 혈관의 노화를 촉진시켜서 여러 가지 성인병의 원인이 된다는 것입니다. 그래서 혈액은 언제나 맑은 물처럼 깨끗하게 해둘 필요가 있다는 것이지요. 깨끗한 피가 막힘없이 흐르는 모습은 상상만으로도 기분이 좋아집니다.

감정에 대해서도 똑같이 말할 수 있습니다. 사회생활을 하다 보면 여러 가지 규정으로 제약을 받기 때문에 자신의 입장이나 역할에 따라 희로애락의 감정을 제어하지 않으면 안 됩니다. 즉 스스로 감정을 막아버리는 것입니다. 하지만 하고 싶은 말을 하지 못하고 언제나 참고만 있으면 감정도 더러워진 피처럼 굳어져 곧 그 통로가 막혀버리고 맙니다.

그렇기 때문에 다시 한 번 제안하고 싶습니다. 울고 싶을 때는 마음껏 울어버리고, 웃고 싶을 때는 마음껏 웃자고 말입니다.

마음을 해방시키는 방법에는 여러 가지가 있지만 이 원시적인 감정을 소중히 여기는 것이야말로 가장 손쉽고 효율적인 방법일지도 모르겠습니다. 가능한 한 감정을 솔직하게 표현하는 것이 무리하지 않고 자신을 드러내는 방법의 기본입니다. 자신의 감정을 있는 그대로 흘려버릴 줄 안다면 다른 사람에게도 관대해져서 상대방의 감정도 더욱 깊이 이해하게 됩니다.

5장
─────────────

# 어깨 힘을 빼고
# 적당함을 즐겨라

# 긴장한 나에게
# 놀이 시간을 선물하자

제가 실천하고 있는 어깨 힘을 빼는 방법, 적당함을 즐기는 방법에 대해 이야기해보겠습니다.

제가 좋아하는 말 중 하나가 《예기》에 나오는 '일장일이一張一弛'입니다. 어느 학회에서도 마지막 인사말로 이 표현을 사용했는데 '긴장과 이완'을 의미하는 말로 어떤 일에서든 긴장과 이완이라는 양쪽의 균형을 잘 잡는 게 중요하다는 뜻이 담겨 있습니다. 사람들은 학회에서 극도로 긴장하는 편인데 실은 그날 학회가 끝난 뒤에

파티가 예정되어 있던 터라 '긴장한 뒤에 마음 편하게 시간을 보냅시다'라는 뜻을 환기시킨 것입니다.

저 또한 늘 일장일이를 마음속에 두고 생활하고 있습니다. 긴장한 후에는 편안한 시간을 반드시 가지려 하고요. 일을 마치고 집으로 돌아오면 밤 시간에는 천천히 술잔을 기울이며 몸을 쉬게 합니다. 그 시간에는 일에 관한 것은 머릿속에서 지워버리고 좋아하는 비행기와 관련한 취미 세계에 빠지지요.

고무줄을 계속 잡아당기면 언젠가는 끊어지듯이, 사람도 긴장 상태가 계속되면 마찬가지의 일이 일어납니다. 휴식도 수면도 취하지 않고 전력을 다해서 공부나 일을 계속한다면 어떻게 될까요?

나이가 젊다면 하루 정도는 견딜 수 있겠지만 전력 질주라는 것은 그리 오래 지속할 수 없습니다. 또 아무리 일을 열심히 해도 언제나 만족할 만한 결과가 나온다고는 볼 수 없고요. 그럴 때일수록 잔뜩 긴장한 자신을 해방시켜 좋아하는 취미 활동 등으로 놀이 시간을 선물해보세요. 한편으로는 시간을 낭비하는 것처럼 보일 수 있지만 여기에는 굉장한 효과가 숨어 있습니다. 자신의 속도를 아는 사람일수록 이 효과를 아주 잘 알고 있지요.

# 외출했을 때
# 아래를 보고 걸어보자

제게는 '아래를 보고 걷는 남자'라는 좀 우스운 별명이 있습니다. 말 그대로 자주 아래를 보고 걷기 때문입니다.

이렇게 말하면 고개를 숙이고 외롭게 터벅터벅 걸어가는 모습을 상상할지도 모릅니다. 하지만 저는 아래를 보고 걸으면 왠지 가슴이 두근거립니다. '뭔가 재미있는 것이 없을까?' 하고 주울 만한 물건을 찾기 때문입니다.

지면에 시선을 고정하고 천천히 천천히 걷습니다. 물론 도심에서는 위험해서 하지 않고, 대부분 집 근처 산을 산책할 때 아래 보며 걷기를 실천합니다.

정신을 집중해서 땅을 보고 있으면 의외의 것들이 떨어져 있습니다. 호기심을 가장 자극하는 것은 식물입니다. 희귀한 씨앗이나 나무열매를 발견하면 '이 녀석의 정체는 뭘까?'라는 참을 수 없는 궁금증이 샘솟아 집으로 가지고 와서 정원에 심어둡니다. 그러면 잊힐 때쯤 돼서 싹이 트고 드디어 그 녀석의 정체를 알게 되지요. 작은 씨앗을 가지고 온 덕분에 상당히 긴 시간 동안 즐거움을 누릴 수 있게 됩니다.

저희 집 정원에는 이런 식으로 크게 자라난 식물들이 아주 많습니다. 전에는 독일에서 가져온 씨앗이 있었는데, 그것도 지금 훌륭한 나무로 성장해 있습니다. 여행 중에도 때때로 아래를 보고 걸으니까요. 그 나무를 보고 '그래, 이 씨앗을 주운 곳은 자연 풍경이 아름다웠어', '그 독일 여행 때 이런 일이 있었고, 이런 사람들과 만났었지'라며 그때를 회상하는 일도 즐거움 중 하나입니다.

아래를 보고 걷는 일은 다시 말하면 일상과 다른 각도에서 세계를 바라보는 것입니다. 그렇게 하면 물건을 줍는 일 말고도 의외의 발견을 할 때가 있습니다. 계절에 따라 주위 경관뿐 아니라 발밑 풍경도 바뀌고 색채도 바뀝니다. 자세히 관찰하다 보면, 시간의 흐름에 따라 변화가 일어나기 때문에 때에 따라서는 생각지도 않았던 뭔가가 눈에 들어오는 때도 있지요. 만약 운 좋게도 귀중한 물건을 만나면 그것을 손으로 집어봅니다.

돈도 들지 않는 이 놀이가 제게는 인생의 속도에 변화를 주는 하나의 방법입니다. 즉 걷는 속도와 관점을 바꿈으로써 일상의 긴장을 풀고 편안한 시간을 보낼 수 있습니다.

다시 씨앗에 관한 이야기로 돌아오면, 최근 산책하기가 좀 귀찮아진 저는 먹은 과일 씨앗의 싹을 틔우는 새로운 놀이를 발견했습니다. 가장 마음에 드는 것은 비파입니다. 비파는 씨앗을 뿌리면 대부분 싹을 틔우는데, 지금까지는 전부 성공했습니다. 시간이 날 때 한번 해보면 어떨까요?

베란다에 작은 화분들을 죽 늘어놓고 거기에 어제 먹은 귤, 오늘 먹은 포도의 씨앗을 하나씩 심어보는 것도 재미있을 것입니다. 한 지인은 이 방법으로 열매를 맺지 않는 포도나무를 키웠다고 합니다. 그도 저와 마찬가지로 씨앗을 보면 곧 싹을 틔우고 싶었는지 도토리를 2미터나 되는 나무로 키웠다는 말을 들었을 때는 놀라지 않을 수 없었습니다. 그런 얘기를 들으면 저는 '다음엔 도토리에 도

전해볼까?'라고 조용히 마음먹곤 하지요.

물론 싹이 전혀 나지 않는 씨앗도 있습니다만 싹이 튼 다음에 어떻게 될지를 관찰하면서 기다리는 일도 나름 즐거운 시간이 아닐까요?

버려버리면 씨앗의 일생도 그것으로 끝입니다. 어쨌든 싹이 트면 그것도 한동안 즐거움이 되고요. 산책할 시간이 좀처럼 나지 않더라도 이런 놀이를 즐겨보세요. 언제라도 실천할 수 있습니다.

# 꼼꼼한 사람에게
# 권하고 싶은 관찰의 재미

건강을 위해 걷기 운동을 하는 사람들이 많습니다. 그런데 저는 그냥 걷기만 하면 왠지 무료하더군요. 산책을 할 때도 산책만으로는 성에 차지 않아서 언제나 다른 뭔가를 병행하고 있습니다. 씨앗을 줍기도 하지만 또 하나 자주 하는 것이 통계를 내는 일입니다.

산책 코스가 있는 집 근처 산에도 통계 내기에 적당한 재료가 얼마든지 있습니다. 저는 '몇 월쯤에는 이런 꽃이 핀다', '언제쯤 싹이 트기 시작한다' 혹은 '작년에 비해 꽃이 며칠 빨리 피었다, 늦게 피었다'라는 식으로 뭐든지 통계화하며 관찰하는 버릇이 있지요.

아래를 보고 걸을 때는 지면만을 관찰하지만 이럴 때는 다른 높이에 시선을 둡니다. 눈이 얼굴의 위아래로 두 군데에 붙어 있다면 얼마나 편리할까요?

가끔 계단의 개수를 세는 일도 있습니다. 집 근처 산의 돌계단도 하나씩 밟으며 헤아립니다. 백화점 계단도 헤아립니다. 통계를 내면 그것을 기억해두었다가 나중에 수첩에 적거나 그 자리에서 메모하는 경우도 있습니다.

언제나 수첩을 가지고 다니기 때문에 기록하고 싶어질 때마다 수첩을 펼칩니다. 아마 옛날 수첩을 펼쳐보면 가끔 들르는 ○○백화점과 △△백화점의 계단 숫자가 얼마나 다른지 알 수 있을 것입니다.

"걷고 있을 때도 꽤 바쁘시군요"라고 말할지도 모르지만 바쁘기는 해도 그렇게 노력하진 않습니다. 단지 좋아하는 일에 몰두할 뿐이라 아무리 많은 통계를 낸다 하더라도 오히려 기분 전환이 되니 특별히 걱정할 필요가 없지요.

통계를 내려면 머리를 써야 하기 때문에 뇌세포도 단련됩니다. 젊은 사람들의 뇌세포는 아주 건강합니다. 하지만 나이를 먹으면

뇌세포가 조금씩 쇠퇴하는데 통계를 내면 뇌에 좋은 자극이 될 것이 틀림없습니다.

그리고 또 하나 예전부터 빼놓지 않고 통계를 내고 있는 것이 병원을 방문하는 환자들의 숫자입니다. 요즘 일주일에 두 번 환자를 보는데 하루 진찰을 마치고 나면 꼭 사무원에게 그날 환자가 몇 명이었는지 묻습니다. 그리고 그 결과를 반드시 수첩에 적어두지요.

얼마 전에는 옛날 수첩을 넘겨보니 "12월 31일 환자가 90명 왔다"라고 적혀 있었습니다. 꽤 열심히 일을 했더군요. 하지만 이 내용을 기록할 때 저는 어깨의 힘을 뺀 상태였을 것입니다.

어린아이 같다며 웃을지도 모르겠지만 한 번 통계를 내기 시작하면 그 일이 고질병이 될 만큼 재미있어집니다. 그래서 즐길 만한 취미가 아무것도 없다며 푸념을 늘어놓던 지나치게 성실한 누군가에게 통계 내는 일을 권유한 적이 있었습니다. 그에게 권한 일은 동네의 일정 구역에서 매일 담배꽁초를 주워서 '어떤 요일에 담배꽁초가 가장 많은가', '몇 월에 가장 많은가'를 알아보라는 것이었습니다. 그가 실행에 옮겼는지는 알 수 없지만 꼼꼼하고 성실한 사람들은 이 같은 작업을 아주 잘합니다.

한번 시도해보겠다고요? 그렇다면 옷이나 가방 또는 많은 사람들이 지니고 있는 핸드폰의 색깔이나, 거리에서 통화를 하거나 문자 메시지를 보내는 사람들의 숫자에 주목해보는 것도 한 방법이 될 것입니다. 가까운 곳에서 흥미를 느끼는 일을 찾은 뒤 느긋하게 통계 대상으로 삼으면 됩니다. '나야말로 꼼꼼하고 성실한 성격이지'라고 생각된다면 바로 도전해보세요.

# 작은 일을 기록하는
# 습관의 의미

원래부터 저는 기록하는 것을 좋아하는 사람입니다. 오랜 세월 끊임없이 반복하는 동안 무엇이든 메모하는 습관이 몸에 배어버렸습니다. 예전부터 일기장 겸용으로 써온 수첩의 개수만 봐도 그 사실을 잘 알 수 있습니다.

일부는 공습 때 불에 타버렸지만 남아 있는 수첩만 해도 이미 60권이 넘습니다. 수첩은 모두가 속주머니에 들어가는 다이어리로, 거기엔 그날의 일정이나 일어난 일이 빼곡하게 적혀 있습니다.

오늘은 이런 물건을 샀다, 이런 음식을 먹었다, 이런 사실을 발견했다는 식으로 일상에서 일어나는 자잘한 일들을 최대한 상세하게 기록하는 것이 저만의 방법입니다. 어떤 수첩을 보더라도 빈칸은 찾아볼 수 없습니다. 덕분에 기억에서 완전히 멀어졌던 수십 년 전 일도 수첩을 펼치면 한순간에 되살아나지요.

이 기록 귀신, 메모 귀신 체질은 틀림없이 유전이라 생각됩니다. 아버지도 유명한 메모 귀신이었기 때문입니다. 아버지는 수첩은 목숨과도 같다고 생각해서 언제나 몸에 지니고 다녔습니다. 수첩은 작사나 에세이와 관련한 메모로 빽빽했기 때문에 그것을 잃어버리기라도 한 날에는 한바탕 소동이 일어나곤 했습니다.

한번은 이런 소동이 있었습니다. 주고쿠(일본의 중부지방)의 산간에서 수첩을 분실한 아버지가 심하게 동요하는 모습을 보이다가 수첩을 찾는다는 내용을 종이에 써서 전봇대에 붙이는 등 대수색 작전을 펼친 것입니다. 다행히 수첩은 찾았지만 그 사건으로 아버지의 수첩에 대한 애착을 여실히 깨달을 수 있었습니다.

아버지와 저의 수첩 사용법은 언뜻 보기에도 아주 닮아 있습니다. 의식적인 것은 아니었지만 자연스럽게 영향을 받았겠지요. 우리 둘은 주로 긴 일기를 쓰지 않습니다. 하루 분량으로 지면에 쓸 수 있을 만큼 기입하고, 쓰고 싶어질 때 언제든 메모를 합니다. 아버지로부터 전수받은 이 방법은 오랫동안 끊임없이 기록을 남기는 비결입니다.

써야만 한다는 의무감은 전혀 없습니다. 나날의 기록을 수십 년 동안 빠짐없이 쓸 수 있었던 것은 쓰지 않으면 마음이 놓이지 않아서였고, 그렇게 마음이 놓이지 않아서 쓴, 작은 글자로 빽빽해진 수첩이 해를 넘길수록 개수가 늘어난 것이지요. 즉 무리는 전혀 하지 않았지요.

일기를 쓰려고 마음먹어도 작심삼일이었다면 처음부터 길게 쓰려고 무리하지 말고, 작은 수첩에 메모하는 일부터 시작해보세요.

# 자유롭게 메모하는
# 쾌감을 아는가

메모 귀신인 제 피가 부글부글 끓어오를 때는 바로 여행을 떠났을 때입니다. 비행기를 아주 좋아하는 저는 비행기에 탑승하면 바로 기록 작업에 돌입합니다. 비행기의 편명과 기종, 좌석 번호, 출발 시간, 식사 메뉴, 화장실 비품 등에 이르기까지 관련 정보만으로도 적어야 할 내용이 무수히 많습니다.

"오늘 탄 ○○항공기 기장의 이름은."

여기까지 적고 종종 스케치까지 하기 때문에 늘 지니고 다니는 수첩만으로 부족할 때가 있습니다. 그럴 때는 여행용 일기장을 한 권 준비해서 마음껏 기록할 수 있도록 합니다.

'일어난 일은 무엇이든 빠짐없이 적어보자.'

'지금부터 어떤 일이 일어날까?'

마음껏 사용할 새 일기장을 펼치는 순간 메모 귀신은 은밀한 쾌감을 맛봅니다.

호텔에 도착하면 방의 형태, 구비된 냉장고와 TV, 먹고 마신 것, 호텔 서비스에 대한 감상 등을 차례대로 메모합니다. 가끔 시선이 의외의 장소에 멈출 때가 있는데 그것이 욕실 샤워기일 때도 있고, 헤어드라이어일 때도 있습니다.

"이 호텔의 샤워기는 조절이 가능한 것이구나. 물은 잘 나오나? 바로 틀어볼까?"

이런 식으로 메모 내용도 점점 늘어납니다. 관광에 관한 내용은 물론 아내와의 대화나 말다툼 원인까지 경험한 일을 전부 빠짐없이 기록해나가면 눈 깜짝할 사이에 지면이 메워지곤 합니다.

노파심에서 하는 말이지만 이 여행 일기를 누구에게 보여주거나 공개하고 싶은 마음은 전혀 없습니다. 목적이 있어서가 아니라 쓰고 싶어서 쓰는 것입니다. 그야말로 개인의 취미이지요. 그리고 취미에 몰두하는 것은 최고의 기분 전환 방법입니다.

만약 여행지에서 누군가가 일기장과 수첩을 빼앗아가며 "아무 것도 기록하지 말고 편안히 쉬세요"라고 명령한다면 저는 어떻게 될까요? 오히려 욕구불만에 빠지게 될 것입니다. 여행과 비행기와 여행 일기. 이것들이야말로 제게는 최고의 사치라고 할 만한 것들 이니까요. 이렇게 써서 가지고 돌아온 여행 일기는 완전히 기분 전 환을 했다는 증거입니다.

# 운동을 꼭
## 무리해서 해야 할까

일정한 나이가 되면 '건강'이라는 두 글자가 마음에 걸립니다. 20대에는 대부분 이것에 신경을 쓰지 않지만 30~40대 혹은 나이가 더 들면서부터는 점차 민감해집니다.

저는 마흔두 살에 과로로 쓰러진 뒤부터 건강을 위해 담배를 끊었습니다. 그러자 갑자기 살이 찌기 시작하더니 몸무게가 83킬로 그램까지 나가더군요. 당황해서 스포츠센터에 다니기 시작했고, 한 때는 이틀에 한 번씩 가기도 했습니다. 일흔 살이 넘어서도 계속해서 스포츠센터에 갔는데 지금은 가끔 산책하는 정도일 뿐 특별히 계속하는 운동은 없습니다.

"선생님의 건강 비결은 뭔가요?"

이런 질문을 자주 받는데 유일하게 하나 들 수 있는 비결이 아침 식사 메뉴입니다. 아내가 권하는 대로 우메보시(매실을 소금에 절여 말린 것) 한 개, 바나나 반 개, 그리고 설탕을 넣지 않은 단팥죽을 하루도 거르지 않고 먹고 있습니다. 덧붙여 말하면 바나나와 단팥죽은 염분을 없애주는 효과가 있다고 합니다. 고혈압 같은 성인병을 예방할 수 있지요.

식사는 기본적으로 아침과 저녁으로 두 번 하고, 점심에는 우유를 한 잔 마십니다. 조금만 많이 먹어도 금방 살이 쪄서 식사에 관해서는 아내가 엄격하게 관리하고 있지요. 하지만 맛있게 먹는 것, 즐겁게 먹는 것은 훌륭한 기분 전환이 되기 때문에 뭐든 맛있게 먹으려고 노력합니다.

한편 지금은 운동을 전혀 하고 있지 않습니다. 지나치게 건강에 신경을 쓰면서 하루에 꼭 몇 킬로미터를 걷는다는 식으로 결심을 하면 오히려 부담스러워져 걷기 전부터 피곤해지더군요. 따라서 무리한 결심은 하지 않기로 했습니다.

아주 건강하게 보일지 모르겠지만 사실 저는 많은 병을 끌어안고 있습니다. 예전부터 전립선에 지병이 있어서 수술도 받았고, 무릎이 아파서 무릎을 꿇고 앉을 수가 없습니다. 나이가 나이인 만큼 여기저기가 쑤십니다.

그렇다고 너무 몸을 아끼면 여행도 갈 수 없고 비행기도 탈 수 없습니다. 여행을 그만두면 숨 돌릴 방법이 없어지기 때문에 본격적인 환자가 되거나 치매에 걸릴 가능성도 높아지고요. 따라서 시간과 몸이 허락하는 한 여행을 즐기고 있습니다.

여행지에서 일어날지 모르는 만약의 사태를 생각한다면 불안을 느끼게 하는 건 얼마든지 있습니다. 여행의 피로함으로 병이 악화될 우려도 있고, 여행지에서 새로운 병에 걸릴지도 모릅니다. 하지만 아직 일어나지 않은 일을 걱정해서 아무것도 하지 못하는 것만큼 우스운 일도 없습니다.

'다 잘 풀릴 거야.'

모든 일을 심각하게 생각하지 말자는 것이 제 생활신조입니다.

# 아픈 몸도 객관적으로
# 관찰하는 여유를 갖자

저는 건강을 위해 매일 재는 수치가 있습니다. 체중과 체지방인데 이 수치를 기록하고 아내에게 보고하지요. 단순한 이 작업을 계속할 수 있었던 이유는 통계 내는 일에 즐거움을 느끼기 때문입니다.

매일 수치를 기록해놓으면 몸의 변화를 한눈에 알 수 있습니다. 예를 들어 체중이 어제보다 0.3킬로그램 늘었다고 합시다. '재미있는 통계'라고 생각하고 바로 0.3킬로그램이 늘어난 원인을 찾기 시작합니다. 수첩에 매일 먹은 음식이 기록되어 있기 때문에 '고기를 많이 먹어서 그런가?', '어쩌면 파티에서 먹은 후식이 원인일지 몰라', '어쩌면 밥의 양이 문제일지도……'라는 식으로 추적해가는 것입니다.

한편 아내는 저를 위해 바로 체중 감량 작전을 개시합니다. 놀이처럼 실천하는 저와 달리 꽤 현실적입니다. 평소에도 야채가 중심인 식생활을 하고 있는데 그것마저 양을 줄여서 체중과 체지방의 증가를 막는 것이지요. 다행히 취미와 실익을 겸비한 이런 행위가 안정된 체중과 체지방을 지켜주고 있습니다.

전립선 비대증 때문에 수술을 받고 입원했을 때도 좋은 기회다 싶어서 입원 생활과 수술 경과에 대해 자세하게 기록했습니다. 쓰고 싶은 것은 전부 써놓았더니 노트 한 권 분량이나 되어 스스로도 놀랄 정도였지요.

성격상 무엇이든 '첫 경험'을 좋아하기에 처음 해보는 입원 생활에도 강한 흥미를 느꼈는데 생각해보면 불안감이 반, 호기심이 반이었던 것 같습니다. 덕분에 기분이 아주 편안해졌습니다. 이렇게 자신의 병도 객관적으로 관찰할 여유를 지닌다면 건강에 대한 불안을 조금은 해소하게 될 것입니다.

어떤 지병을 가졌거나 요즘 몸 상태가 마음에 걸린다면 건강에 대한 불안감을 없애기 위해서라도 자기 몸을 객관적으로 보았으면 합니다. 그리고 빠른 시일 안에 병원에서 진찰을 받아 하루라도 빨리 건강을 되찾도록 하세요.

# 우울할 때는
# **어쨌든 활짝 웃어보자**

사회생활을 하다 보면 감정을 억제하지 않으면 안 되는 순간이 있습니다. 그런 순간을 완벽하게 피하는 일은 애초부터 불가능하지요. 하지만 고민, 불안, 슬픔, 노여움 등 부정적인 감정이 허용량을 넘어 축적된 경우에는 그 감정을 줄이지 않으면 몸과 마음에 지장이 생기고 맙니다. 우울한 기분이 계속되면 몸 역시 바로 반응을 일으켜 암이나 바이러스로부터 몸을 지켜주는 면역 시스템이 제대로 작동하지 않기 때문이지요.

몸과 마음의 역할에는 그만큼 밀접한 관계가 있기 때문에 너무 우울해져 있으면 견딜 수가 없습니다. 그렇기에 평소에 제가 실천하는 기분 전환법 중 하나가 '어쨌든 웃자'입니다.

'우울할 때 웃으라니, 말도 안 돼.'

이렇게 생각할지도 모르겠습니다. 그래도 어쨌든 웃음을 지어보는 것입니다. '우스워서 웃는' 일은 흔하지만, 반대로 웃으면 재미있어진다, 즐거워진다는 경우도 있습니다. 이것을 실증한 유명한 연구도 있습니다.

예일 대학의 슈왈츠 교수는 전기 자극으로 근육을 움직여 웃음을 짓게 하는 실험을 행했습니다. 그러자 사람들은 단순히 얼굴에만 웃음이 떠오른 게 아니라 마음까지 즐거운 기분이 들었다고 했습니다. 반대로 슬픔을 느낄 때 움직이는 근육을 자극하자 왠지 슬픈 기분이 들었다고 했습니다.

이렇듯 표정에 의해 감정도 변하는 것입니다. 따라서 기분이 우울해졌을 때는 어쨌든 활짝 웃어보세요. 그 결과 기분이 즐거워진다면 면역세포도 활발하게 활동해서 체내 병원체에 대한 공격력이 높아질 테니까요.

이렇게 해보세요. '유머 룸'이라는 방을 만들어서 그곳에 웃음을 위한 도구로 재미있는 책이나 영상, 게임 등을 놓아두는 겁니다. 유머 룸은 누구나 간단하게 만들 수 있습니다. 자신이 직접 금방 웃을 수 있는 소도구를 엄선해서 가까이에 두고 우울할 때마다 바라보면 됩니다. 재미있는 장난감이나 일러스트도 좋고, 멍청한 얼굴을 한 인형이나 장식품 등 무엇이라도 상관없습니다.

좀 더 적극적으로 웃음을 원한다면 웃음을 선사할 누군가를 만나는 것도 한 방법입니다. 웃음이란 전염되는 것입니다. 유머감각이 있는 친구와 만나 이야기하면 자연스레 얼굴이 펴지고 웃음을 짓게 되지요. 잠시 함께 있는 것만으로도 우울한 기분은 금세 어디론가 사라져버릴 것입니다.

웃음을 뿌리는 친구는 소중한 자산이며 당신의 건강 유지에도 한몫할 것입니다. 만약 "난 이렇게 괴로운데 저런 농담이나 즐기다니!"라며 화낸다거나, "지금은 함께 웃을 기분이 아니야"라며 오히려 더 기분이 나빠진다면 잠시 걸음을 멈추고 웃음의 효용에 대해 생각해보세요. 웃으면 웃을수록 몸 세포의 움직임이 활발해져서 화내는 것보다 웃는 게 이득이라는 생각이 들 것입니다. 웃음이라는 천연의 약이라면 언제라도 누구라도 처방 가능합니다.

# 말 대신 글로 쓰면
# 분노가 쌓이지 않는다

저 역시 화가 날 때는 쉽사리 웃음을 지을 수가 없습니다. 그럴 때는 이렇게 합니다. 바로 기록을 하는 것이지요. 메모 귀신인 저는 노여움이란 감정도 얼른 기록합니다. 단 요령이 필요합니다.

울컥 치밀어 오를 때는 그 감정 그대로 기록한 뒤 비밀스러운 상자에 던져 넣는 것입니다. "이런 제길!", "바보 같은 녀석"이란 말도 좋습니다. 무엇을 적든 자유입니다. 그리고 그다음이 중요한데 아무도 보지 않는 곳으로 그 종이를 재빨리 피난시켜야 합니다.

아내의 한마디에 화가 났을 때, 누군가로 인해 화가 났을 때, 저는 이런 식으로 종이에 화풀이를 해서 기분을 전환합니다. 덕분에 노여움이나 미움의 감정을 마음에 지니지 않게 됩니다. 즉 말을 하지 않는 게 좋다고 판단될 경우에는 말을 하지 않고 글로 씁니다.

사실 이 방법은 제가 젊었을 때 고안해낸 스트레스 발산법입니다. 제게도 상대에게도 원만한 해결책이 된다는 것을 경험을 통해 잘 알고 있습니다.

원인은 어머니였습니다. 자유분방한 성격으로 말하고 싶은 것이 있으면 스스럼없이 말하던 어머니는 당시 제게는 천적과도 같은 존재였습니다. 어머니는 무슨 말을 할 때마다 울컥 치밀어 오르는 말들을 아무렇지도 않게 했는데 그 말에 하나하나 반론하면 더욱 귀찮아졌습니다. 그렇다고 참고만 있으면 불만이 쌓여서 그야말로 마음속에 앙금만 남아 괴로울 테고요.

그래서 기록하기로 마음을 먹었습니다. 그것도 자세하게 월, 일, 시까지 적으며 "~한 이유로 어머니와 말다툼을 하고 이렇게 화가 나서……"라고 말입니다.

이상하게도 기록을 하며 객관적으로 싸움의 상황이나 자신의 감정을 따라가다 보면 노여움이 점점 웃음으로 바뀌더군요. 정말

하찮은 일로 화를 냈다는 사실을 깨닫는 계기도 되고요. 잠깐의 기록이라는 마법으로 마음은 평정을 되찾게 됩니다.

이 노여움의 발산법은 어머니가 돌아가신 후에도 활용하고 있는데 아내와 말다툼을 했을 때도 바로 수첩을 꺼내듭니다. 부부싸움 후에 적은 메모는 "아내의 이름으로 만든 어록"이라는 제목으로 소중하게 보관하고 있습니다. 그 어록이란 쉽게 말하면 아내가 제게 소리친 말들을 기록한 것입니다. 그것을 보고 있으면 '음, 꽤 괜찮은 말도 할 줄 아는군', '상당히 날카롭게 파고드는데'라며 아내의 예리함에 놀라곤 합니다.

당신도 상대방의 어록을 만들어 싸움의 비밀스러운 즐거움을 맛보면 어떨까요?

# 1일 1분노 일기를
## 써보면 어떨까

메모만으로는 성에 차지 않을 정도로 화났다면 그 기분을 길게 편지로 쓰는 것도 방법이 될 수 있습니다.

"화가 나는 일이 있으면 편지를 쓴다."

무라이 미사오의 책 《사람을 움직이는 힘》에 담긴 제안입니다. 화가 울컥 치밀어 오를 때는 그 울분을 잊기 전에 충고의 편지를 쓰는 게 좋다는 말입니다.

편지에 울분을 토로하려거든 상대방과 인연을 끊어야 할지도 모른다는 각오를 해야 한다고 생각할지 모르지만, 그렇지 않습니다. 그럴 필요는 전혀 없습니다. 그 편지는 부치지 않을 것이기 때문입니다.

편지는 부치지 않고 보관하고 있다가 2, 3일 지난 후에 다시 한 번 읽어봅니다. 그렇게 하면 대부분 '아, 역시 보내지 않기를 잘했어'라고 안도의 한숨을 내쉽니다. 동시에 울분도 가라앉고 상대방과의 관계도 그대로 유지할 수 있지요.

이외에도 글로 발산할 수 있는 방법은 얼마든지 있습니다. '1일 1분노 일기', 즉 험담 전용 노트를 준비해서 일기로 적어보는 것입니다.

직장 상사인 D에 대한 험담, 시어머니나 남편에 대한 불만 등 그 노트에 무슨 내용이든 자세하게 끝까지 적어보세요. 취미로 에세이나 시를 쓰고 있다면 화를 주제로 작품을 써보는 것도 좋겠습니다.

어떤 경우에도 안 좋게 끝나선 안 됩니다. 긍정적인 방향으로 이끌어가세요.

물론 불만을 말로 확실히 표현하는 일도 중요하지만, 화가 머리 꼭대기까지 차올랐을 때는 실수하게 마련입니다. '아뿔싸' 하고 엎

지른 물은 다시 주워 담을 수 없습니다. 그러니 우선 종이를 준비합시다.

이렇게 감정 조절법을 숙지하는 것도 자신의 속도를 아는 사람이 되기 위한 중요한 힌트가 됩니다.

# 여행이라는
# 약

여행은 제겐 없어서는 안 될 영양제이며 최고의 기분 전환법입니다. 약 이상의 효과가 있다고 말해도 과언이 아니지요. 앞에서 제안한 어깨 힘을 빼는 여섯 가지 조건 중에서도 여행은 극적 효과를 발휘해서 정기적으로 실천하기 위해 노력하고 있습니다.

약 이상의 효과가 있다고 확신 있게 말하는 이유는 예전에 걸릴 뻔한 우울증을 여행으로 극복한 적이 있어서입니다. 정신과 의사인 저도 한 사건을 계기로 우울 상태에 빠진 적이 있었습니다. 이사할 때 아버지의 유품을 도둑맞았는데, 그 유품이 도둑에 의해 고서점으로 넘어간 일이었지요.

서점으로부터 연락을 받은 후 서둘러 유품을 다시 사들였지만 이래저래 신경을 써야 해서 극도의 피로감을 느꼈습니다. 무기력과 허탈감 같은 증상이 한꺼번에 덮쳐왔던 것이지요. 하지만 마침 그때 여행 제안을 받았습니다. 빈에서 강연해달라는 제안이었는데 '어떻게든 되겠지'라는 심정으로 우선 떠나기로 마음먹었지요.

저는 어떤 상황에서라도 여행 제안은 흔쾌히 허락합니다. 그때도 아직은 그럴 만한 여력이 남아 있었나 봅니다. 강연이 끝날 때까지는 계속 긴장 상태에 있었지만 이후 아내와 함께 여행을 즐기고 있자니 놀랄 만큼 예전 기력을 회복하게 되었습니다. 그리고 귀국할 때쯤에는 우울증이 거짓말처럼 사라져버렸고요.

저처럼 여행을 계기로 마음 상태가 변한 경험을 가진 사람이 적지 않을 것입니다. 한 편집자는 과중한 업무에 쫓기는 바람에 계속 수면 부족에 시달리고 얼굴 전체가 뾰루지 투성이가 되어 해외여행에 나섰다고 합니다. 피부가 아주 거칠어진 상태에서 휴가를 떠난 것이지요. 하지만 목적지에 도착해서 2~3일 정도 지나자 피부 상태가 눈에 띄게 좋아졌고 예정했던 일주일이 지나 귀국할 때쯤에는

뾰루지가 완전히 사라졌다고 합니다.

왜 여행은 약 이상의 효과를 발휘하는 것일까요?

우선 여행지에서 느끼는 해방감이 심신을 편하게 해주는 효과가 있다는 것은 말할 필요도 없습니다. 괴롭다, 힘들다는 생각으로 나날을 보내면 부정적인 감정만 점점 깊어질 뿐, 더욱더 그 상태에서 벗어나긴 어려워집니다. 하지만 일상에서 벗어난 세계에서는 새로운 발견이 끝없이 이어지고 가는 곳마다 미지의 세계가 펼쳐집니다. 이로 인해 닫혀 있던 긍정적인 사고 회로가 열려 뇌의 활동이 활발해지지요.

여행은 이른바 뇌에 주는 충격요법과 같습니다. 일상에 있을 때와 다른 각도로 많은 자극을 받기 때문에 불행으로 가득 차 있던 뇌도 건강을 되찾는 것입니다. 즐겁다, 기쁘다, 재미있다, 맛있다, 아름답다 등등의 감정을 반복해서 느끼면 몸이 가벼워지고 피부 건강도 되찾게 됩니다.

제가 낸 통계에 의하면 여행을 좋아하는 고령자보다 집에만 있는 고령자가 더 빠르고 쉽게 치매에 걸립니다. 뇌에 적당한 자극이나 감동을 주어야 젊게 살 수 있다는 말입니다. 물론 젊은 뇌도 일상과 다른 자극을 원하고 있습니다.

때로는 여행과 같은 방법으로 일상이 아닌 세계로 가서 뇌를 자극하고 마음껏 행복한 체험을 하도록 하세요. 어쨌든 기분이 좋지 않을 때, 우울함이 풀리지 않을 때일수록 일상에서 벗어난 체험을 하러 떠나봅니다.

## 여행이란
# 돌아와서도 즐거운 것

여행의 즐거움은 일상으로 돌아와서도 지속됩니다. 돌아온 직후에 느끼는 상쾌함은 어디에도 비할 데가 없지요. 충분한 숨 돌리기가 가능해서 몸과 마음이 아주 가벼워집니다. 집으로 돌아온 후에 다시 '다음 여행은 어디로 갈까?'라고 생각해보는 즐거움도 더해집니다. 지금 막 집으로 돌아왔지만 여행의 여운에 취해 다음 여행을 상상해보는 것이지요. 저는 목적이나 목표를 갖고 여행을 하기 때문에 '다음엔 여기로 가서 이 일을 해보자'라고 열심히 생각합니다.

또 예전부터 중요하게 생각하는 여행의 목적 두 가지가 있습니다. 첫 번째는 세계 곳곳에 있는 다리의 사진을 찍는 것입니다. 조금 자랑을 하자면 이미 유명한 다리들의 사진을 많이 찍었지요. 미국 샌프란시스코의 금문교와 뉴욕의 베라자노내로스교, 일본 요코하마의 베이브리지와 효고현의 아카시해협대교 등을 들어 올린 사진들이 앨범에 꽂혀 있습니다.

물론 정말 다리를 들어 올렸다는 것은 아닙니다. 배를 타고 다리 아래를 지날 때 양손을 위로 쭉 펴서 마치 그 다리를 들어 올린 것처럼 보이게 사진을 찍은 것입니다. 한번 해보면 아주 흥미롭습니다. 단순히 다리의 모습을 찍는 것이 아니라 즐거움을 담은 모습을 잠깐 사이에 찍을 수 있으니 다리를 볼 때마다 그렇게 찍어보고 싶은 것이지요.

이 놀이는 지인에게 배운 것으로 한 번 맛을 들인 후엔 멈출 수가 없어서 여행의 루틴처럼 하고 있습니다. 사진은 주로 아내가 찍어주는데 우리가 사진을 찍고 있으면 다른 관광객들도 그런 식으로 찍는 모습을 보기도 합니다. 양쪽 팔을 들고 미소 짓는 제 모습을 보고 "뭐야? 뭐야?" 하고 사람들이 모여서는 "저거 재미있어 보이는데 나도 해보자"라고 여기저기서 다리를 들어 올리더군요. 연쇄반응을 일으키는 것도 하나의 즐거움입니다.

여행의 두 번째 목적은 철도, 배, 비행기라는 세 가지 교통수단으로 같은 장소에 가보는 것입니다. 즉 하나의 목적지로 다른 교통수단을 이용해서 가보는 것이지요.

깊은 뜻은 없습니다. 단지 성취감을 맛보고 싶을 뿐입니다. 또 각각 다른 교통수단으로 가보면 같은 목적지라도 인상이 그때마다 달라 보여서 배로 갈 때는 이러했다, 비행기로 갈 때는 이러했다는 식으로 그 차이를 비교 관찰하는 즐거움도 느낄 수 있습니다.

'다음에는 어떤 다리를 들어 올릴까?'

'다음에는 그곳에 뭘 타고 갈까?'

이 두 가지는 다음 여행을 계획할 때 빼놓을 수 없는 주제입니다.

다음 여행을 계획할 때는 현실의 여행과는 달리 일정에 대해 신경을 쓰거나 여행지에서 일어나기 쉬운 문제에 대해서도 걱정하게 됩니다. 하지만 어깨 힘을 완전히 뺀 상태에서 여행을 상상하는 즐거움을 만끽합니다.

물론 이런 여행의 목적을 억지로 권하고 싶은 마음은 없습니다. 개개인의 취향에 맞게 자유로운 여행 목적을 설정하면 되니까요. 찾는 사람이 드문 세계유산을 돌아본다든지, 국경을 돌아본다는 등의 커다란 목적을 가지고 오랜 시간을 들여 실행해나가는 것도 재미있을 것입니다. 혹은 좀 더 가까운 곳으로 눈을 돌려 지하철역이나 버스 터미널에서 길 가는 사람들을 바라보는 것도 괜찮습니다. 거리의 노점상을 찾아다니거나 강가로 나가서 그 거리의 공기를 피부로 느껴보는 것도 좋고요.

하나의 목적을 달성했을 때는 노트에 기록하거나 사진으로 남기면 다음 여행에 대한 상상력도 풍부해지겠지요.

# 마음 둘 공간을
# 만들면 좋다

여든 살을 넘긴 지금도 저는 상당히 바쁜 나날을 보내고 있습니다. 일주일에 두 번은 환자 진찰과 회진을 하고 있는데, 그날은 아침 6시에 일어나 집 바로 옆에 있는 병원으로 출근을 합니다. 지각하지 않도록 전날에는 반드시 알람을 맞춰놓고요.

한편으로는 책 쓰는 일에 쫓기고 있습니다. 가끔 강연 의뢰도 들어오고 갑자기 여행 제안이 들어올 때도 있습니다. 정신과 의사라는 일 외에도 알코올건강의학협회 회장, 일본펜클럽 이사, 일본 여행작가협의회 회장 등 여러 직함이 있어서 관련 일을 하러 여기 저기 다니지 않으면 안 됩니다.

파티 초대장도 자주 오곤 하는데 여기에도 시간이 허락되는 한 참석하려고 노력합니다. 참석하면 반드시 새로운 만남이 생기고 많은 사람들과 대화를 나눌 수 있어 지적 욕구를 채울 수 있는 절호의 기회가 되기 때문이지요.

저는 웬만해서 거절하지 않는 사람입니다. 거절하지 못하는 사람이기도 하고요. 그렇기 때문에 하루 종일 집에서 쉴 수 있는 날이 거의 없습니다. 놀랍게도 나이를 먹어갈수록 사교적으로 변해가고 있으니까요. 이 나이가 되어서야 사교적이었던 어머니의 피가 활동을 시작한 것인지도 모릅니다.

하지만 혼자만의 세계에 빠지고 싶어지는 때가 찾아오곤 합니다. 밖에서 사람들과 만나는 행위는 언제나 적당한 긴장감을 갖게 되지요. 그 긴장감이 어느 정도 계속되면 본능적으로 풀고 싶어집니다.

다행히 저는 아주 좋은 도피처를 가지고 있습니다. 그 도피처란 제 작은 방으로, 여기에는 간단한 장치를 해놓았습니다.

어느 방이든 주인의 취미가 반영되게 마련이지만 그 방에는 몇 년에 걸쳐 모은 비행기 관련 물건들이 있습니다. 제 취미를 잘 아는 사람이 제 방을 방문하면 틀림없이 '과연 당신 방답군' 하고 생각할 것입니다.

방 안의 모습을 조금 소개해볼까요? 둘째가라면 서러워할 비행기 애호가인 저는 일본항공JAL 이코노미 클래스의 의자, 옛날 조종간, 여객기의 프로펠러까지 전시해두었습니다. 소품들도 대부분 모아두었고, 낙하산과 기내식 메뉴, 나이프, 포크까지 망라해놓았을 정도입니다.

좋아서 모은 물건들이라서 모두 애착이 가고, 이 방에 있는 것만으로도 마음이 편해지는 것을 느낄 수 있습니다. 회전의자에 앉아서 술잔을 기울일 때의 기분은 특별합니다. 안타깝게도 스튜어디스는 없지만 가끔은 비행기에 타고 있는 듯한 기분을 맛보기도 합니다.

제가 회장을 맡은 알코올건강의학협회에서는 안전하고 책임감 있는 술 마시기의 방법으로 "일본주 3.5데시리터(1데시리터는 0.1리터다), 맥주 두 병, 물을 섞은 위스키 더블 두 잔까지를 한도로 한다"라고 정했습니다. 이 한도를 지키면서 저는 때때로 혼자만의 시간에 잠깁니다. 도망갈 구멍, 즉 숨어 있을 수 있는 자신만의 공간을 가지는 것은 정신건강에도 상당히 도움이 됩니다. 그리고 바쁜 일상이 있기에 혼자 있는 시간의 중요성도 알게 되지요.

방이 별로 없어서 내 방을 가질 수가 없다고 불평하는 사람도 많겠지만 좀 더 궁리한다면 이 문제도 해결 가능할 것입니다. 아직 어린아이를 둔 어떤 여성은 부엌의 한 곳을 활용하여 전용 컴퓨터를 설치해놓고 자신만의 공간을 만들었다고 합니다.

또 어떤 직장인은 자신만의 공간을 화장실로 정했다는군요. 좋아하는 만화책을 집 화장실에 들여놓은 작은 책장에 꽂아놓고 들어갈 때마다 읽는다고 합니다. 다른 가족들에게는 좀 방해가 되겠지만 화장실도 꾸미기에 따라 마음 편한 장소로 변한다는 사실을 보여주는 사례입니다.

어떤 공간이든 상관없습니다. 마음이 편안해질 때까지 천천히 기분을 만끽할 수 있는 자신만의 최적의 장소를 확보해보세요.

# 웃음과 감동의 재료는
# 주위에 널려 있다

인생의 속도를 소중하게 생각하며 생활하는 사람들은 마음에 여유가 있는 만큼 주위 분위기도 자연스럽고 편안하게 만들 수 있습니다. 그리고 잠깐 멈춰서는 시간, 곁길을 둘러보는 시간을 결코 낭비라고 생각하지 않고 적극적으로 여유 시간을 만들어갑니다.

여유가 있으면 사람들에게 풍기는 인상도 변합니다. 적당히 힘을 빼고 자신의 속도로 사는 습관을 들이면 자신은 물론 주위 사람들에게도 편안함을 줄 수 있습니다. 그렇다면 어떻게 해야 그런 멋진 자신을 발견할 수 있을까요? 사실 힌트는 당신의 주변에 얼마든지 숨어 있습니다. 매일의 생활 속에서 조그만 일에 신경을 쓰느냐 쓰지 않느냐에 따라 당신 마음의 모습이 크게 달라지니까요.

예를 들어 웃는 일과 감동하는 일도 그중 하나입니다. 당신은 최근에 배꼽을 잡고 마음껏 웃어본 적이 있나요? 만약 있다면 마음의 건강 상태가 양호하다고 여겨도 좋습니다.

'그러고 보니 요즘 통 웃어본 일이 없네.'

이렇게 생각한다면 마음의 건강 상태가 양호하다고 할 수는 없겠지요.

지금 당신은 일상의 잡무에 쫓겨서 감정을 억제하는 버릇이 있거나 희로애락의 감정을 느끼는 대로 표현할 심적 여유조차 상실한 것일지도 모릅니다. 마음껏 웃거나 울거나 하는 감정을 겉으로 드러내는 일은 몸에도 좋은 약이 됩니다. 하지만 바쁜 현대인은 이 특효약을 제대로 사용할 줄 모르는 듯합니다.

그리고 일상생활 속에는 감정을 크게 흔들어줄 재료가 많지 않습니다. 따라서 그 단조로운 삶이 지루해지고 욕구불만을 느끼게 됩니다. 이러한 마음의 상태를 알고도 모른 척하는 것은 정신건강에도 좋지 않습니다.

때로는 규칙적인 리듬에 조금 변화를 주어 웃음이나 감동을 얻으러 가보는 것도 좋을 것입니다. 즉 단조로운 나날에 의식적으로 변화를 주어 감동을 발산할 기회를 만드는 것이지요. 그렇게 마음 먹는다면 웃음이나 감동을 주변에서 손쉽게 얻을 수 있습니다. 바로 당신 가까이에 마음을 편안하게 해방시켜줄 재료가 널려 있으니까요.

예를 들어 방송 프로그램이나 책도 웃음을 제공해줄 것이고, 유머러스한 친구도 웃음을 선사할 것입니다. 거리에도 웃음의 재료가 되는 것들은 얼마든지 있습니다. 혹은 코미디 영화를 보거나 개그와 만담 공연에 가더라도 "아하하하" 큰 소리로 웃을 수 있습니다.

단조로운 일상에 웃음을 주는 것은 그리 어려운 일이 아닙니다. 감동을 얻으려면 눈물을 흘릴 수 있을 만한 명화를 보면 됩니다. 극장에 직접 가서 보는 것이 좋습니다. 같은 영화라도 커다란 스크린으로 보는 게 현장감이 느껴져 큰 감동을 받을 테니까요.

상영 중에는 다른 사람들의 시선을 의식하지 않고 마음껏 눈물을 흘릴 수 있습니다. 주위 사람들도 모두 눈물로 얼굴을 적시고 있을 테니 당신도 이때만큼은 마음을 편안하게 하고 감정이 흐르는 대로 눈물을 흘리세요. 잠들어 있던 감정이 깨어나 마음을 대청소

해줄 것입니다.

물론 명화에 집착할 필요는 없습니다. 바로 옆에 웃음이나 감동을 줄 재료는 얼마든지 널려 있으니까요.

# 6장

# 여유로운 나로 살기 위한
# 속도 바꾸기 연습

# 나이에 상관없이
## 놀이를 즐겨야 한다

저는 언제나 사람들에게 불량 노인이 될 것을 권합니다. 잘 놀고, 잘 웃고, 악동과도 같은 호기심을 가진 사람일수록 뇌세포가 젊고 건강해진다는 사실을 잘 알기 때문이지요.

선상 여행을 떠나면 수많은 불량 노인들을 만날 수 있습니다. 96일간의 세계일주 여행에 참가했을 때 "나는 사람들에게 불량 할머니라고 불리고 있어요"라고 말하는 여든 살의 건강한 부인을 만났습니다. 틀림없이 불량 노인의 본보기와 같은 분으로 밤늦게까지

노는 것을 아주 즐기더군요.

매일 밤 카지노에 가거나 새로운 일이면 어떤 일에든 적극적으로 도전합니다. 남편은 이미 세상을 떠난지라 한때 실버타운에 있었는데 주위 노인들이 모두 병 이야기만 해서 재미가 없다는 이유로 그곳에서 바로 나와 일반 아파트로 이사했다고 합니다.

이 부인은 선상 생활을 마음껏 즐기며 미용실에도 부지런히 다니는 등 겉보기에도 마음이 젊어 보였습니다. 그리고 오랜만의 선상 여행이니 96일간을 전부 배에서만 생활하고 싶다며 육지에는 전혀 내려가지 않는 자신만의 여행법을 관철했습니다. 여행 기간 동안 그 부인을 만나면 왠지 마음이 편안해지는 것을 느꼈습니다. 마음을 젊게 유지하는 데 놀이가 얼마나 중요한지를 다시 한 번 깨달았지요.

불량 노인에게 '이제 나도 늙었다'라는 생각은 조금도 없습니다. 언제까지나 '아직 젊어'라는 적극적인 생각을 하고 있는 사람과 함께하면 왠지 저도 기분이 좋습니다. 반대로 나이는 젊은데 마음이 노인처럼 되어버린 사람이 있습니다.

'어떤 일에도 재미를 못 느낀다.'

'새로운 일에 도전해보고 싶은 욕구가 일지 않는다.'

이렇게 생각하고 있다면 그 사람은 여든 살 부인보다 훨씬 늙었다고 말할 수밖에 없습니다. 이런 사람들의 공통점은 잘 놀지 못하고 유머를 이해하지 못한다는 것입니다. 놀이를 즐기지 못하면 어떤 일이든 식상해지기 쉬워서 인생을 즐길 수 없게 됩니다. "이제 와서", "어차피", "왜?"라는 부정적인 발언도 많아지고요.

"인간의 본성은 놀이에 있다"라고 말한 네덜란드의 역사가 요한 하위징아의 말을 저 역시 동감합니다. 어린아이들은 자주 "왜 그렇지요?", "어째서 이렇게 되는 거지요?"라고 질문하는데 이렇게 호기심을 갖는 게 놀이의 시작입니다. 그리고 어른이 되어서도 호기심을 잃지 않는 사람일수록 몸과 마음의 젊음을 유지할 수 있지요. 적극적으로 놀이에 참가하여 먼 미래에는 젊음과 유머러스함을 겸비한 불량 노인이 되어보세요.

# 과묵한 사람의
# 유머러스함

평소에는 과묵하던 사람이 툭 던진 한마디에 갑자기 폭소를 터뜨린 경험이 있나요? 저의 미국인 친구가 그렇습니다. 보통 때는 제가 보기에도 조심스럽게 행동하는데 파티에 참석하면 의외의 모습을 보이거든요. 아주 우스운 농담을 연발해서 주위 분위기를 긍정적으로 만듭니다. 웃음은 전염성이 있어서 그의 주위에서 웃음이 터지면 주변 전체로 활기가 번지고 파티는 더욱더 즐겁게 무르익습니다.

"인간에게는 두 가지의 견딜 수 없는 모멸의 말이 있다. 하나는 유머감각이 없다는 말이고, 또 하나는 고생을 모른다는 말이다.”

이것은 미국의 작가 싱클레어 루이스의 말인데 그만큼 미국인들은 유머를 중요하게 생각하는 듯합니다. 농담을 하지 못하는 사람은 수준 이하로 여겨지기 때문에 어렸을 때부터 화술을 엄격하게 가르칩니다. 대통령은 말할 것도 없고 사람을 지도하는 사람일수록 농담을 잘합니다.

농담에 서툴더라도 어느 정도의 유머감각은 지니고들 있을 겁니다. 또 달변이라고 해서 반드시 농담을 잘하는 것도 아닙니다. “저는 말주변이 없어서 센스 있는 농담은 한마디도 하지 못한다”라고 겸손해하는 사람이 의외의 의미심장한 한마디로 웃음을 선사하기도 하니까요. 희극 배우인데도 사적인 생활에서 농담 한마디 하지 않는 과묵한 사람도 적지 않습니다. 만약 말주변이 없어서 사람들을 웃기지 못한다는 콤플렉스가 있다면 말주변이 없는 성격도 사람들을 웃기는 충분한 무기가 될 수 있다는 자신감을 가져보세요.

유머감각을 많이 키우고 싶은 사람을 위한 간단한 방법이 있습니다. ‘1일 1웃음 일기’를 쓰는 것입니다. 하루의 생활 속에서 가장 재미있었다고 생각하는 일을 매일 기록하는 것이지요.

그다지 웃지 않았던 날도 되돌아보면 재미있었던 일 한두 가지는 틀림없이 있습니다. 거리에서 마주친 재미있는 사람, 나의 실수담, 타인의 실수담, 재미있는 꿈, 재미있는 책이나 방송 프로그램 등 가까운 곳에서 먼저 찾아보세요. 어쩌면 '1일 1웃음'이 아니라 잠깐 사이에 '1일 5웃음'이 될지도 모릅니다.

순간 정신이 아득해질 만한 실수도 객관적으로 바라보면 재미있는 사건에 지나지 않았다는 것을 알 수 있습니다. 그런 경험 하나하나가 귀중한 재산이 되어 웃음의 재료가 되어줍니다.

또 일기를 쓸 때 웃고, 지난날들의 기록을 보고 웃고, 이렇게 반복해서 웃는다면 자연스레 유머감각이 생길 겁니다. 늘 재미있는 일을 찾아 웃는다면 금방 다른 사람에게도 웃음을 선물할 수 있을 것입니다.

이 '1일 1웃음 일기'의 창시자인 제 친구는 성실한 사람이면서도 유머감각 또한 수준급입니다. 반드시 매일 웃기 때문에 몸도 아주 건강합니다. 매일 웃기 때문에 자연치유력도 절로 높아져서 병을 모르는 몸이 된 것입니다.

# 시선을
# 수평으로 유지하기

좋은 영화일수록 장르를 구분하기 힘듭니다. 찰리 채플린의 영화를 단순히 코미디라는 장르로 볼 수 있을까요? 스티븐 스필버그의 영화를 SF라고 단순히 정의해버리기엔 어딘가 석연치 않은 부분이 있고, 미야자키 하야오 감독의 영화를 애니메이션이라고 한마디로 표현한다면 이것 역시 어디까지나 편의상의 구분이라는 느낌입니다.

애니메이션은 주로 어린아이들을 대상으로 한다는 생각으로 자신도 모르게 멀리하는 사람들도 있습니다. 하지만 아이들을 위한 내용이라고 생각하던 사람이 억지로 극장에 끌려가 오히려 더 큰 감동을 받는 경우도 있지요.

장르 구분은 사람들에게 선입견을 심어줍니다. 오히려 장르 구분에 얽매이지 않아야 관객으로서 자유로워집니다.

되돌아보면 우리 주위에서는 영화나 음악뿐 아니라 실로 많은 분야에서 편의상의 구분이 이루어지고 있습니다. 같은 옷이라도 유명 브랜드라면 그것만으로 고급스러운 것이라고 생각해버리고, 잘 모르는 상표가 붙어 있으면 그것만으로 관심을 거두곤 합니다. 특정 상표가 붙어 있지 않으면 눈길도 주지 않는 브랜드 제일주의자들이 있습니다. 하지만 이런 편의상의 구분은 시야를 편협하게 합니다.

여기서 한 가지 제안을 해봅니다. 한 번쯤은 DNA에 깊이 각인된 프로그램을 바꿔 내면에 있는 고정관념을 제거해보세요. 'A가 아니면 안 된다', 'B만이 일류다'라는 생각을 '무엇이든 둘러보자', '무엇이든 경험해보자'라는 생각으로 바꿔보는 것입니다.

무엇이든 둘러보고 무엇이든 경험한다는 것은, 즉 '시선을 수평으로' 유지한다는 말과 같습니다. 앞에서 '아래를 보고' 걷자고 제안했는데 그것은 일종의 길 위의 관찰입니다. 지금 제안하는 것은 사물을 바라보는 방법입니다. 어떤 경우든 아래만을 보게 되면 아무 것도 보이지 않게 되고, 반대로 위만을 보게 되면 잘못된 판단을 하게 됩니다.

따라서 시선을 수평으로 유지해야 합니다. 브랜드가 고급이든 아니든 시선을 수평으로 유지하고 본다면 생각은 훨씬 자유로워질 것입니다.

# 경험하길 회피하면
# 놓치는 것이 많다

먹어보지도 않고 무작정 싫어하던 음식을 두 눈 딱 감고 먹어봤더니 생각했던 것보다 훨씬 맛있었던 경험이 있습니다. 곧잘 그런 예로 등장하는 음식이 낫토입니다. 낫토는 어렸을 때부터 그 끈적거리는 게 싫어서 도저히 먹고 싶은 마음이 들지 않았다고 말하는 사람이 적지 않습니다.

어떤 사람은 콩이 건강에 좋다는 기사를 보고 낫토를 먹게 되었다고 합니다. 일단 용기를 내어 먹어봤더니 의외로 거부감 없이 먹

을 수 있었다는 것입니다. 몸에 좋은 음식이라는 심리도 작용했겠지만 지금은 스스로 찾을 정도로 좋아하는 음식이 되었다고 하더군요. 게다가 낫토 덕분에 식탁에서의 즐거움이 늘었다고 합니다.

음식 말고도 이처럼 괜히 경험하기를 회피해서 손해를 보게 되는 경우가 얼마든지 있습니다. 책이나 영화의 경우 '싫어하는 장르', '싫어하는 작가', '싫어하는 배우'라는 이유로 안 보겠다는 사람들이 있습니다. 덕분에 뛰어난 명작을 놓치기도 하고요.

색깔에 대해서도 민감한 사람들이 있습니다. '이 색은 나한테 어울리지 않는다'라는 생각 때문에 입고 싶은 옷이 있어도 포기하는 일도 일종의 경험 회피입니다. 하지만 한 가지 색에만 너무 집착하면 자신의 가능성을 스스로 짓밟는 결과가 될지도 모릅니다. 물론 자신에게 잘 어울리는 색깔의 옷을 입으면 가장 좋겠지만 너무 그것만 고집하면 옷을 고르는 데서 오는 즐거움을 느끼지 못합니다.

'빨간색 옷을 입고 싶다.'

'새로운 색에 도전해볼까?'

이런 가벼운 마음을 억눌러선 안 됩니다. 때로는 스스로 만든 규격을 넘어서는 도전을 해서 자신의 가능성을 예전과는 다른 방향에서 끌어내보는 것입니다.

# 싫은 사람도
# 다시 바라보자

사람들을 만나는 일에 대해서도 생각해봅시다. '저 사람 같은 스타일은 싫어'라고 겉모습이나 주위의 평가만 듣고 사람을 멀리한 적은 없나요?

하지만 잘 알지도 못하면서 '저 사람은 이런 사람'이라고 판단하는 것은 좋지 않습니다. 겉보기에는 다가가기 힘들 것 같은 직장 선배도 차근차근 대화해보면 유머러스한 사람이거나 당신이 모르는 분야에 대해 해박한 지식을 전해줄 사람일지도 모릅니다.

상반되는 성격이기 때문에 멀리했던 사람이 오히려 큰 도움을 줄 수도 있습니다. 유유상종類類相從이라는 말처럼 닮은꼴의 사람들은 자연스레 뭉치게 되어 있습니다. 실제로 비슷한 사람들끼리 모여 있으면 의사소통도 원활하고 마음도 편안하지요. 그렇지만 나와 전혀 다른 성격을 가진 사람들에게도 시선을 돌리면 인간관계도 사고방식도 더욱 폭이 커지게 될 것입니다.

저는 스트레스를 줄이거나 뇌세포의 젊음을 유지하는 데 '관계'만큼 중요한 것은 없다고 생각합니다. 따라서 평소에도 될 수 있는 한 많은 사람들과 만나려고 노력합니다.

선상 여행에서는 가능한 한 매일 다른 사람과 식사하며 그들이 말하는 여러 이야기에 귀를 기울입니다. 새로운 만남은 새로운 지식과의 만남이기도 하니까요. 이야기를 나눠보면 새로운 지식이나 사고를 흡수할 수 있어서 사람들과의 만남을 회피한다는 것은 생각할 수도 없는 일입니다.

아무리 자신과 정반대의 성격을 가진 사람이라도 사귀는 동안에 그 사람만이 가진 매력을 깨닫게 됩니다. 그 좋은 예가 제 아내입니다. 아내는 저와는 정반대의 성격인데 한마디로 우리를 비교한다면 느긋함과 성급함이랄까요.

결혼 초기에 '아뿔싸' 했을 정도로 아내는 느긋한 성격입니다. 하지만 함께 지내는 동안 정반대의 성격이 서로에게 도움이 되는 점이 많다는 사실을 알게 되었습니다. 느긋한 성격이기에 성급한 성격을 통제해줄 수 있고 함께 있으면 마음도 편해지고요. 그리고 좀 의외라고 생각되는 관점으로 사물을 볼 수 있게 해줍니다.

물론 싫어하는 사람과 사귀려고 노력했지만 역시 마음에 들지 않는다는 사람, 함께 있으면 피곤하기만 하다는 사람도 있을 것입니다. 그렇다면 인간관계를 편하게 유지하는 요령을 알려드리겠습니다.

싫은 사람, 마음에 들지 않는 사람을 재미있는 사람이라고 생각해보세요. 조금 관점을 바꿔서 그 사람을 바라보면 싫어하는 마음이 풀려 이해할 수 없었던 점을 즐길 여유가 생길 것입니다.

"그래도 저 사람은 전혀 상식 밖의 사람이고 이기주의자여서 재미있는 사람이라고는 농담으로라도 말하고 싶지 않아."

이렇게 반론하고 싶은 사람도 있을 수 있습니다. 그렇기 때문에 재미있다는 것입니다. 상식에서 벗어난 행동이나 사고방식도 객관적으로 관찰할 여유를 가지고 보면 '저런 우스운 사고방식도 있구나', '별 우스운 사람을 다 봤네'라고 그 의외성을 즐길 수 있지요.

한쪽 면만 보고 무조건 싫다고 생각하면 스트레스만 쌓이고 상대방과의 관계도 좋지 않게 될 뿐, 득이 될 만한 일은 아무것도 없습니다. 그러기보다는 우선 한발 뒤로 물러선 채 관점을 바꾸어 싫어하던 점도 재미있는 점으로 바라보세요. 이렇게 하면 미워했던 사람을 진심 어린 마음에서 재미있는 사람으로 느껴 적절한 인간관계를 유지할 수 있을 테니까요. 어떤 인간관계에서도 응용할 수 있는 관계의 요령입니다.

# 꽃을 볼 때 행복해지는
# 두 가지 방법

어느 해 봄, 기록 귀신인 제가 꼭 기록해두지 않으면 안 될 일이 있었습니다. 그것은 벚꽃이 평년에 비해서 2주 정도 빨리 핀 일이었습니다. 따뜻했던 겨울 기온 등 몇 가지 기상 조건이 겹쳐져 꽃이 빨리 피게 된 것인데, 덕분에 꽃놀이나 벚꽃 축제 일정이 엉망이 되어 관련 행사를 담당한 사람들이 애를 먹었다고 합니다.

벚꽃이 피었다는 소식은 여전히 우리를 즐겁게 합니다. 저도 어릴 때 동네에서 꽃구경을 즐겼는데 아무리 나이가 들었어도 봄이 찾아오면 마음이 설레고 꽃을 보는 것만으로도 기분이 좋아지더군요. 꽃은 그야말로 마음의 비타민입니다.

실제로 꽃 요법이라고 해서 꽃의 향기나 색을 이용한 심리적 치료법이 있다는 사실을 알고 있나요? 그 효과에 대해 잘 알려진 것이 아로마테라피입니다. 향기의 근원인 방향 분자를 코로 들이마시면 이것이 전기 신호로 바뀌어 대뇌에 전달되고, 그렇게 되면 면역력이 높아져 호르몬 분비가 왕성해진다는 사실이 과학적으로 실증되었습니다.

향기뿐 아니라 꽃의 색깔에도 사람의 마음을 다스려주는 힘이 있습니다. 예를 들어 선명한 색은 피곤에 지친 마음에 활력을 주고, 따뜻한 색은 몸과 마음을 편안하게 하는 효과가 있다고 합니다. 즉 어깨 힘을 빼고 싶을 때는 분홍색처럼 따뜻한 색깔의 꽃이 좋습니다.

벚꽃은 향기, 색, 생김새 모두가 마음을 다스려주는 충분한 힘을 가지고 있는데 꽃을 바라보는 사람들을 보면 쉽게 이 사실을 알 수 있습니다.

"어머, 예뻐라!"

"정말 예쁜 꽃이야."

벚나무 밑에서 꽃에 찬사를 보내는 사람들의 표정을 보면 모두 행복하고 편안합니다. 어깨 힘을 뺀 표정이란 바로 이런 순간의 표정이 아닐까요? 의식적으로 만들려고 해도 배우가 아닌 한 그 순간의 표정은 지을 수 없을 것입니다.

따라서 꽃을 즐기는 또 하나의 방법은 '꽃을 사랑하는 사람의 모습을 즐기는 것'입니다. 꽃을 올려다보며 행복한 표정을 짓는 사람들의 표정을 즐기는 것이지요. 꽃을 즐기는 사람들을 관찰하면 즐거움은 배가 됩니다. 즐거움은 웃음처럼 전염성이 있습니다. 저쪽에서 꽃을 바라보고 있는 사람들을 보고 있으면 나도 모르게 표정이 이완되고 행복감을 느낍니다.

만약 만개한 벚꽃을 보고 아름답게 느껴지지 않는다며 얼굴을 펴지 못하는 사람이 있다면 그 사람의 마음이 심하게 지쳐 있다는 증거입니다. 자연의 식물들은 우리에게 많은 것을 가르쳐줍니다. 또 많은 것을 깨닫게 해줍니다. 따라서 눈으로 많이 보고 관찰하면서 식물 주위에 모여 있는 사람들의 표정도 많이 바라보세요.

# 슬럼프에 빠졌다면
# 일단 뭐라도 하자

안 좋은 일이 있어서 마음이 우울할 때나 슬럼프에 빠졌을 때는 가만히 앉아서 이런저런 생각을 한다고 상황이 바뀌는 것은 아닙니다.

'난 이제 어떻게 살아야 하지? 진정 내가 있어야 할 곳은 어디일까?'

생각하면 생각할수록 같은 자리만을 맴돌 뿐 대답은 보이지 않습니다. 특히 일이 잘 풀리지 않을 때일수록 안 좋은 쪽으로만 생각하게 됩니다. 이런 악순환의 고리를 끊을 수 있는 사람은 나밖에 없습니다.

"천릿길도 한 걸음부터"라는 말처럼 마음의 스위치를 바꿀 최고의 방법은 우선 한 걸음 내딛는 것입니다. 즉 작은 일이라도 상관없으니 어떤 한 가지 일에 스스로 적극적인 행동을 해보세요. 아름다운 꽃을 보러 가는 것만으로도 적극적인 변화를 일으킬 수 있을 테니까요.

아름다운 꽃을 보면 자연스레 미소가 피어납니다. 마음에 여유가 생겨 우울했던 기분을 마음 한구석으로 몰아버릴 수 있습니다. 꽃을 계기로 눈에 보이지 않는 마음의 강의 흐름을 바꿀 수 있지요.

예를 들어 부정적인 생각을 떨쳐내지 못할 때는 기분 전환을 위해 자전거를 타고 근처 공원으로 나가보세요. 이런 식으로 하나씩 해본다면 거기서 무엇인가를 발견할 수 있게 됩니다.

낯선 야생초를 발견한다면 그 이름에 대한 소박한 궁금증이 생기게 되고 '조사해보자', '물어보자'라는 의욕이 행동으로 연결됩니다. 호기심과 지적 욕구가 촉발되면서 부정적이었던 생각이 긍정적으로 바뀌지요.

동네 슈퍼에 가는 것만으로도 많은 발견을 할 수 있습니다. '무슨 상품이지?', '신상품인가?', '이런 것도 있었구나', '맛있겠는걸' 등

등 모두가 긍정적인 발견입니다.

뭔가 계획을 세워야 하는데 책상에 앉아서 아무리 머리를 쥐어짜내도 아무것도 떠오르지 않을 때가 있습니다. 그럴 때 기분 전환을 위해 차를 마시거나 근처를 산책하는 동안 뭔가가 갑자기 떠오를 때가 있습니다. 몸과 마음이 편안한 때일수록 사고력도 유연해져서 막혀 있던 생각이 트이는 것입니다.

우선 한 걸음 앞으로 나아가세요. 가만히 앉아서 생각하기보다는 우선 몸을 움직여 사물과 사람들을 접하며 기분을 긍정적으로 바꿔줄 것을 스스로 찾아보는 겁니다.

# 여가 시간을
# 낭비라고 생각하지 마라

미국인들 사이에서 'A 유형의 사람'이란 심장질환을 일으키기 쉬운 사람을 말합니다. 그렇다면 심장질환을 일으키기 쉬운 A 유형은 어떤 사람들일까요? 경쟁심이 강하고 언제나 많은 일을 끌어안고 바쁘게 움직이는 사람들, 성격이 '급한' 사람들을 일컫습니다.

다시 말해서 A 유형은 타고난 노력가입니다. 그렇기 때문에 언제나 일을 최우선으로 생각하고, 빠른 걸음으로 걸으며, 쉬지 않고 일만 합니다. 여가생활을 낭비라고 생각하는 것도 이들의 특징 중

하나입니다. 어쩌다 레저 활동을 할라치면 일 생각을 떨치지 못해 일거리를 들고 가는 피곤한 행동을 하기도 하지요.

하루도 빠짐없이 일, 일입니다. 노는 시간을 보내라고 하면 시간 낭비라고 말합니다. 이들의 이면을 보면 '잘 놀지 못하는 사람'이 있습니다. 열심히 일하는 모습을 자랑스레 생각하는 것은 좋지만 쉬지 않는 생활을 계속하면 언젠가는 몸이 피로를 호소합니다.

시간을 보내는 방법은 사람마다 제각각입니다. 자신에게 주어진 시간을 단 일 초도 낭비하지 않고 활용하겠다고 생각하는 A 유형의 사람이 있는가 하면, 시간에 구애받지 않는 생활을 가치 있게 생각하는 사람도 있습니다.

극단적으로 열심히 살거나, 극단적으로 게으름을 피우는 것은 어느 쪽도 그다지 좋은 시간 활용법이라고 단정할 수 없습니다. 직장 일이나 가사 등 '해야만 하는 일'은 집중해서 처리하고 그 일이 끝나면 곧바로 취미나 놀이의 세계에서 머리를 식히는 식으로 리듬감을 주는 것이 유익한 시간 활용법입니다. 물론 뇌세포에도 휴식 시간을 제공해야 뇌세포도 즐거워져서 활발하게 활동하는 것은 말할 필요도 없겠지요.

"놀이는 좋아서 하는 것, 일은 해야만 하는 것."

한스 셀리에 박사의 말입니다. 즉 하지 않아도 상관없지만 좋아하는 일에 푹 빠질 수 있는 시간을 가졌는가 그렇지 않은가에 따라 마음의 건강이 크게 좌우된다는 말입니다. 시간이 가는 것도 모르게 해줄 놀이가 주변에 하나라도 있다면 틀림없이 당신의 삶은 즐거워질 것입니다.

# 자연이 선물하는
# **마음의 이완**

영국인들에게는 '정원사'라는 좀 재미있는 별명이 붙습니다. 그도 그럴 것이 영국인 대부분이 원예를 좋아하는데 전체 영국인의 80퍼센트가 원예를 취미로 삼을 정도입니다.

그들은 정원의 크기에 구애받지 않고 원예가 가능한 공간을 최대로 활용하여 꽃이나 나무를 손수 가꾸려 합니다. 공동주택에서는 화분이나 바구니를 이용하여 테라스나 창가에서 원예를 즐깁니다. 그 때문에 꽃집은 휴일이면 꽃이나 원예용품을 사려는 사람들로 언제나 붐빕니다.

　주말의 식물 가꾸기는 그야말로 모두의 행사라 할 만합니다. 남자들도 주말이면 정장을 훌훌 벗어던지고 정원사로 변모합니다. 넓은 정원을 가지고 있다면 정원을 아름답게 꾸미기 위해 잔디를 깎아야겠다는 즐거움도 더하겠지요. 평일과는 다른 평온한 시간의 흐름에 몸을 맡기고 정원 가꾸기나 잔디 깎기에 열중하는 것은 참으로 사치스러운 놀이입니다.

　정원 가꾸기는 가족 모두가 즐기는 취미이기도 합니다. 이렇게 영국은 부부 혹은 이웃이 서로 좋아서 하는 일이 공통되기 때문에 부담 없이 여기저기서 이 취미 이야기를 하며 화기애애한 분위기를 나눌 수 있습니다.

　"내년엔 정원을 이런 식으로 만들어보자."

　"이번 주말에는 어떤 꽃을 사 올까?"

　이런 대화가 일상적으로 오고 갈 것입니다.

　영국 사람들이 원예를 좋아하게 된 것은 귀족들이 자연으로 둘러싸인 전원생활을 즐겼던 데서 그 원천을 찾을 수 있을 것입니다. 푸르름과 꽃과 함께하는 생활은 귀족 신분의 상징이었으니까요.

　조금 다른 관점에서 말하면 그 시절부터 이들은 어깨 힘을 빼는 일에 능숙한 사람들이었다고 할 수 있겠습니다. 평일에는 집중해서 일하고, 주말에는 일은 완전히 잊은 채 자연을 즐기는 것이지요. 그러면서 긴장과 이완의 균형을 맞추며 평일에 쌓인 스트레스를 주말에 내보내는 것입니다. 자신의 속도로 사는 사람이 되기 위한 힌트는 여기에도 숨겨져 있습니다.

제가 사는 곳에서는 몇 년 전부터 원예 붐이 일고 있습니다. 최첨단 기기에 둘러싸인 편안한 생활만으로는 어딘가 부족해서 자연과의 만남을 많은 사람들이 소중하게 생각하게 된 것이지요.

정원을 가꾸기에 적당한 크기의 공간이 없다면 화분의 꽃이나 관상용 식물, 허브 등을 주위에 두는 것도 좋습니다. 보는 즐거움, 만지는 즐거움, 키우는 즐거움. 식물 하나가 이렇게 많은 즐거움을 가져다줍니다. 생활 속에 꽃이나 식물을 들여놓아보세요.

# 급할수록
# 의식적으로 천천히

슬로푸드는 패스트푸드에 대항해 '식사는 좀 더 천천히 하자'라는 생각에서 나왔습니다. 이탈리아의 작은 마을에서 시작한 슬로푸드 운동이 그 발단이라고 합니다.

스피드 시대를 상징하는 패스트푸드의 특징이라면 싸고 빠르고 규격화된 맛을 들 수 있습니다. 바쁜 현대인의 생활 패턴에 부합하여 세계적으로도 애용되고 있고, 이로 인해 세상은 스피드에 더욱 더 박차를 가하게 되었지요. 여기에 24시간 영업하는 편의점과 인

스턴트식품 덕분에 시간을 들이지 않고 아주 간단하게 식사를 마칠 수 있습니다.

하지만 시간을 들이지 않는 이 식사는 단점이 있습니다. 아이들의 입맛이 변하고, 음식의 종류가 빈곤해지며, 가족들이 모여서 식사하는 시간이 줄어드는 문제가 자주 거론되곤 합니다. 그렇기 때문에 재료가 지닌 맛을 최대한 살려 손으로 만든 요리를 천천히 맛본다는 점에 중점을 둔 슬로푸드가 고안된 것입니다.

스피드 사회에 역행해서 의식적으로 천천히 즐기는 일에 저는 대찬성입니다. 비단 식사에만 국한된 이야기가 아닙니다. 바로 앞에서 이야기한 원예도 그렇고, 일상생활 속에는 마음만 먹으면 느림을 즐길 일이 얼마든지 있습니다.

다시 한 번 영국 사람들을 예로 들면 원예와 더불어 많이들 하는 그들의 대표적인 휴일 놀이는 바로 목공입니다. 그들은 신축 가옥보다 낡은 가옥을 더 선호합니다. 낡은 가옥을 수리해서 직접 새롭게 만드는 일을 즐기기 때문이지요. 집과 가구는 오래된 것일수록 상품 가치가 올라가고, 거래되는 주택 대부분도 사용된 것이 많습니다.

그리고 집을 구입하면 바로 개축 계획을 세웁니다. 벽지를 자신이 좋아하는 스타일로 바꾸고, 가구의 도장을 벗겨 다시 도장을 하고, 여기저기 산재한 낡은 자재들을 바꿔 끼우는 등 일은 얼마든지 있습니다. 그래서 아버지들은 휴일이면 집 수리에 혼신의 힘을 쏟습니다.

옛날부터 영국에는 집은 성이라는 개념이 있었습니다. '거주'라는 것이 인생에서 가장 중요하다는 사고방식이 있어서 집을 위해서라면 시간을 아끼지 않았던 것입니다.

당신은 거주 공간에서, 삶을 영위하는 공간에서 즐거움을 느끼나요? 만약 어쨌든 거주하는 것만으로도 좋다는 생각으로 살고 있다면 반경 10미터 이내에 있는 즐거움을 뻔히 보고도 놓치는 결과가 되어버립니다.

주말만이라도 천천히 식사를 즐기고, 천천히 자연과 화합하고, 가족이나 친한 친구들, 이웃들과 천천히 이야기를 나누며 여유로운 삶을 즐겨보세요. 이런 생활을 실천할 수만 있다면 저절로 당신이 살아가는 속도를 알게 될 테고 당신 주위, 당신 내면의 공기가 온화해질 것입니다.

# 언제나 마음을
# 일으켜 세우는 칭찬의 말

별로 신경 쓰지 않고 내뱉는 말 속에도 나의 속도로 살기 위한 힌트 가 숨어 있습니다.

"그렇게 노력하지 않아도 돼."

이 말도 그중 하나입니다만, 여기서는 칭찬의 말에 주목하고 싶 군요.

다른 사람에게 칭찬을 듣고 기뻤던 경험은 누구에게나 있을 것 입니다. "멋있는데요", "굉장해요", "재미있어요", "예뻐요" 등등. 하물며 마음속으로는 '말은 잘한다', '입에 발린 소리'라고 생각한다 하더라도 대부분 칭찬을 들으면 미소를 짓게 됩니다. 다른 사람을 기쁘게 하는 방법 중에 이처럼 간단한 것도 없을 테고요.

"아직 젊으십니다."

오랜만에 만난 나이 지긋한 사람에게 제가 자주 사용하는 말입니다. 경박한 칭찬의 말을 안 하고도 이런 식으로 자연스럽게 칭찬의 말을 건네면 사람들은 미소를 짓습니다.

저 역시 칭찬을 받으면 기쁨을 느낍니다. 칭찬을 많이 들으면 유쾌해지고 상대방에 대해 호감이 생겨서 '참 좋은 사람'이라는 인상을 갖게 됩니다. 너무 속이 들여다보이는 칭찬이 아니라면, 칭찬을 듣고도 '저 녀석은 마음에 들지 않는다'라고 생각하는 사람은 없을 것입니다.

단 한마디 칭찬은 이렇듯 인간관계를 원활하게 하는 힘이 있고, 때로는 마음을 치료하는 약이 되기도 하지요. 그리고 이 치료약은 종종 극적인 효과를 나타냅니다. 자신감을 잃고 침울함에 잠겨 있을 때 칭찬의 말을 들으면 그 말이 마음 깊숙이 파고들어 나를 인정해주는 사람도 있다는 자신감을 되찾게 되니까요.

어렸을 적에 들은 칭찬 한마디가 계기가 되어 미래의 직업을 결정하는 데 영향을 주는 경우도 있습니다. 그렇기 때문에 될 수 있으면 칭찬을 많이 듣고, 칭찬의 말을 아끼지 않는 것이 좋습니다.

제 할아버지는 칭찬을 아주 잘하셨습니다. 남을 치켜세우기도 잘하셨고요. 손자인 저도 칭찬 선물을 많이 받았는데 할아버지는 가족뿐 아니라 동네 아이들이나 병원 직원들에게도 아주 사소한 일로 칭찬의 말을 해주곤 했습니다.

그림을 그리는 아이가 있으면 "어이구 녀석, 잘 그리는데? 이다음에 훌륭한 화가가 되겠는걸", 일을 척척 처리하는 직원에게는 "자넨 정말 우수한 인재야. 정말 대단해"라고 칭찬을 하셨습니다. 보고 있는 사람조차 기분이 좋아질 만큼 칭찬을 잘하셨지요.

정신과 의사로서 칭찬의 효용을 잘 알고 있었기에 할아버지는 칭찬하는 것이 몸에 배어 있었던 것입니다. 칭찬은 자석 같은 역할을 하는지 할아버지의 주위에는 늘 많은 사람들이 모여들었습니다.

할아버지의 모습을 보고 자란 저도 될 수 있으면 상대방의 좋은 점을 발견하여 칭찬하려고 노력합니다. 이렇게 간편하고 효과 좋은 치료약을 쓰지 않고 썩힐 수는 없으니까요.

# 감사하는 마음은
# 사람들을 연결해준다

칭찬의 말을 들었을 때 어떤 대답을 하나요? 겸손하게 "전 그렇게 대단하지도 훌륭하지도 않은 사람이에요"라는 식으로 대답하는 경우가 많습니다. 마음속으로는 기쁘면서도 우선 겸손한 태도를 보이는 것이지요.

한편 서방 문화권에서는 칭찬을 받으면 고맙다고 대답합니다. 그리고 이 고맙다는 말에서 우리는 칭찬과 마찬가지로 마음의 치료 효과를 기대할 수 있습니다.

고맙다는 말에는 칭찬의 말처럼 불가사의한 힘이 숨어 있기 때문입니다. 이 말을 들으면 순식간에 얼굴에 웃음이 번지고 어깨 힘이 느슨해집니다. 고마운 마음을 표현하면 상대방도 고맙다는 마음을 갖기 때문에 나와 상대방의 거리가 훨씬 가까워진 듯한 기분이 듭니다. 이것만으로도 감사하는 마음을 전달하는 행위의 효용을 잘 알 수 있습니다.

저는 고맙다는 말을 많이 하는 가정일수록 웃음이 많고, 부부 사이도 부모 자식 사이도 원만하다고 생각합니다. 물론 부모가 아이에게 모범을 보이지 않는다면 그리 쉽진 않을 것입니다. 아내가 남편에게, 남편이 아내에게 일상의 작은 일에서 고맙다는 말을 한다면 아이도 자연스레 고맙다는 말의 의미를 학습하게 되어 부모와 마찬가지로 감사의 마음을 말로 표현하겠지요. 부부간에 고마워하는 마음이 없다면 웃음 없이 형식만 갖춘 차가운 가정이 되고 아이에게도 그 느낌이 고스란히 전해질 것입니다.

작은 일에 감사하며 그 감정을 말로 표현하는 것은 가정에 웃음꽃이 피어나게 하고 보다 원만한 인간관계를 구축하는 기본입니다. 그런데도 우리는 칭찬과 더불어 감사의 마음을 전하는 일에 그리 능숙하지 못합니다. 아주 고마워하면서도 막상 말로 표현하려고 하

면 쑥스러워져서 마음속으로만 고맙다고 말하는 경우가 많습니다. 하지만 제대로 마음이 전달되었다고 할 수 없습니다.

소중한 사람에게 때로는 큰 목소리로 고맙다는 말을 전해보세요. 칭찬을 받으면 솔직하게 고맙다고 대답하세요. 감사의 마음을 순수하게 표현하는 모습은 다른 사람에게 좋은 인상을 줄 수 있습니다.

자신의 속도로 사는 일은 그다지 어렵지 않습니다. 사소한 말 한마디와 행동에 신경 쓰는 여유만으로 충분합니다. 만약 인생의 속도를 터득했다면 이젠 걱정할 것 없습니다. 나날의 사소한 모든 일 속에 당신의 부드러운 마음이 담길 테니까요. 그리고 주위에는 자신만의 속도로 살아가는 동료들이 자연스레 모여들 것입니다.

# 어깨 힘을 빼고
## 천천히 걷자

저는 열심히 노력하는 사람들에게 "굳이 너무 노력하지 마세요", "어깨 힘을 빼고 좀 더 천천히 해보세요"라고 말하고 싶습니다.

인생을 사는 속도와 삶에 대한 자세를 조금 바꾸기만 한다면 지금까지는 전혀 보이지도 않았던 것들이 보이기 시작할 것입니다. 그 시야 밖에 있던 것들이 보이는 여유가 생긴다면 당신 자신이, 그리고 당신 주위의 공기가 눈에 띄게 바뀌게 됩니다.

지금까지 당신은 어쩌면 남들을 피곤하게 하는 사람이었을지도 모릅니다. 언제나 전속력으로 걸으며 무슨 일이든 완벽하게 해내려고 한다면 주위 사람들과 조화를 이루기가 힘들어지는 것은 당연한 일이니까요.

하지만 자신에게 맞는 인생의 속도를 발견하면 문제는 어느새 해결됩니다. 때로 어깨 힘을 빼고 천천히 살아가는 습관을 들이고 자신만의 속도로 인생을 즐긴다면 더 이상 다른 사람들의 속도 때문에 당황하는 일은 없을 것입니다. 그리고 당신의 내면이 만족감을 느낄 때 비로소 주위 사람들도 편해집니다.

다시 한 번 말하면 "너무 노력하지 마라"라는 말은 "좀 더 게으름을 피워도 좋다" 혹은 "적당히 살면 돼"라는 말과 같은 뜻이 아닙니다. 어깨 힘을 적당히 빼고 요구 수준의 80퍼센트 정도만 만족하면 된다고 생각해야 인생을 좀 더 풍요롭게 가꿀 수 있음을 전하고 싶을 뿐입니다.

완벽을 목표로 아무리 노력한다 하더라도 언제나 완벽한 인간으로 있을 수 있는 사람은 어디에도 없습니다. 따라서 요구 수준을 높일수록 좌절과 고민도 많아집니다. 그 결과 항상 무리함을 강요하게 되지요.

열심히 하라고 늘 격려만 하면 몸도 마음도 피곤에 지쳐 인생을 즐길 여유라고는 조금도 생기질 않습니다. 하지만 요구 수준을 낮춰서 80퍼센트 정도에서 만족한다면 20퍼센트의 여유가 생겨나지요. 이 여유가 지금까지 놓쳐온 미지의 세계로 안내할 것입니다.

여유를 만드는 건 결코 어려운 일이 아닙니다. 인생의 속도를 바꾸고 관점을 조금 바꾸기만 하면 됩니다. 시간을 절약하기 위해 언제나 전속력으로 걷던 길도 조금 시간을 들여서 천천히 걸어보고 평소와는 다른 길을 골라서 걸어보면 그것만으로도 무엇인가를 발견하게 될 것입니다. 걷는 속도를 바꾸면 길가에 핀 들꽃이나 무심코 지나쳤던 자연 풍경에 시선이 멈추고, 꽃이나 나뭇잎의 색으로 계절의 변화를 느낄 수 있습니다. 작은 발견에 발걸음을 멈추고 '뭐지?', '예쁘다', '좋은 냄새야'라는 생각을 떠올린다면 이것이야말로 마음의 긍정적인 변화라고 할 수 있습니다.

두근거림이나 재미있는 일 때문에 오감이 자극을 받으면 사회생활에서 억눌려온 감정이 풍부하게 되살아납니다. 전속력으로 지나쳐온 보이지 않은 일들 속에 인생을 즐기기 위한 수많은 힌트가 숨어 있습니다. 그리고 자신의 속도를 아는 사람은 작은 발견에도 발걸음을 멈추고 그것을 즐기는 습관을 자기도 모르는 사이에 몸에 익히고 있습니다.

바로 오늘부터 속도 바꾸기를 실천해보세요. 빠른 걸음으로 걸을 때는 결코 눈에 보이지 않던 세계로 시선을 돌려보고 그것을 보고 느끼고 생각하는 습관을 몸에 익히세요. 분주한 일상에 떠내려 갈 것 같을 때는 의식적으로 속도를 늦추고 다른 관점으로 세계를 관찰하세요. 그러면 작은 기쁨과 행복을 발견할 수 있을 것입니다. 당신은 틀림없이 그렇게 할 수 있습니다.

# 오늘부터 내 인생의 속도로 살기로 했다

초판 인쇄    2020년 12월  1일
초판 발행    2020년 12월 18일

지은이      사이토 시게타
옮긴이      김슬

펴낸곳      다른상상
등록번호    제399-2018-000014호
전화        031)840-5964
팩스        031)842-5964
전자우편    darunsangsang@naver.com

ISBN       979-11-90312-26-4 (03320)

독자 여러분의 책에 관한 아이디어나 원고 투고를 설레는 마음으로 기다리고 있습니다.
이메일로 간단한 개요와 취지, 연락처를 보내주세요. 독자님과 함께하겠습니다.